퀘벡, 재현된 역사
혹은 역사의 재현

국립중앙도서관 출판예정도서목록(CIP)

퀘벡, (Québec) 재현된 역사 혹은 역사의 재현 / 지은이: 퀘
벡학연구모임. -- 서울 : 아모르문디, 2017
      p. ;   cm

ISBN 978-89-92448-64-2 03940 : ₩12000

퀘벡 [Quebec]

941.7-KDC6
971.4-DDC23   CIP2017029979

이 책은 '한국프랑스어문교육학회'의 '송정희 교수 출판기금'의 지원을 받았습니다.

QUÉBEC, Histoire représentée
ou représentation de l'Histoire

퀘벡, 재현된 역사
혹은 역사의 재현

퀘벡학연구모임 지음

아모르문디

들어가는 말

시대적 당위성에 의해서건 개인적 필요에 의해서건 프랑스어권 지역, 특히 퀘벡에 대한 관심은 최근 들어 계속 증가하고 있으며, 이와 관련된 대학 강의도 20여 년 전과 비교하면 상당히 많이 개설되고 있다. 하지만 일반 대중이나 관련 학부 학생이 참고할 수 있는 퀘벡 관련 전문 서적은 드물다 못해 희귀한 실정이다. 이러한 필요성에 부응하고자, 2014년에 출간된 『키워드로 풀어보는 퀘벡 이야기』의 저자들 일부가 모여 기획한 책이 바로 이 책이다. 퀘벡의 과거와 현재, 사회, 문화, 역사를 전작보다 심화된 차원에서, 그리고 종합적이고 흥미롭게 조망하는 것이 이 책의 기획 목표다.

이 책은 프랑스가 북아메리카에 진출해서 아메리카 인디언과 접촉하는 누벨프랑스 시대부터 '조용한 혁명' 이후의 현대까지 퀘벡의 역사를 구성하는 주요 사건들을 다룬다. 글의 순서 또한 사건이 일어난 연대에 따라 배열되어 있다. 따라서 이 책은 퀘벡의 정체성 형성에 영향을 미친 주요 역사적 사건에 대한 정보를 제공한다. 하지만 이 책은 역사책이 아니며, 여기서 이야기하는 사건 또한 역사적으로 기술되어 있지 않다. 사실 이 책을 구성하는 11개의 장에는 (경우에 따라서 동일할 수도 있지만) 각각 두 개의 시간대가 존재한다. 하나는 사건이 일어나는 역사적 시간대이며, 다른 하나는 그 사건을 재현하는 서사의 시간대다. 짧은 분량 안에서 퀘벡에 대한 종합적이고 입체적인 조망이 가능하도록, 그리고 퀘벡 문화에 대한 낯섦을 가능한 한 줄이고자, 어느 정도 알려지거나 그 자체로 의미가 있는 영화, 소설, 장편 시 등의 서사를 통해 퀘벡의 역사적, 사회적 사건에 접근하는 형식을 취했기 때문이다. 엄밀히 말하면, 여기 소개되는 내용은 역사적 사건 그 자체뿐 아니라 그 사건을 재현하는 시각이기도 하다. (〈에방젤린〉을 다룬 롱펠로의 시를 제외하고) 주로 20세기에 퀘벡에서 창작된 소설과 영화가 자신들의 역사를 어떻게 해석하느냐가 이 책의 또 다른 초점이기도 한 것이다. 기실 과거의 또는 당대의 역사적 사건이나 사회상의 재현은 자기의 타자화를 통한 정체성 모색의 과정이다. 이야기되는 사건뿐 아니라 그 사건을 다루는 시각의 이해를 통해서 퀘벡이라는 대상에 좀 더 심층적이고 종합적으로 접근할 수 있지 않을까 생각해 본다.

우리가 퀘벡에 관심을 갖는 이유는 단지 지역적 특수성이나 전공 강의의 필요성 때문만은 아니다. 영어권 북아메리카에서 프랑스어 사용을 고집하는 하나의 '섬'으로 존재해 온, 캐나다 연방을 구성하는 하나의 지역이지만 캐나다로 규정되기를 거부하는 퀘벡은 20세기 중후반부터 현재까지 현대 사회를 관통하는 문제적 담론의 중심에 있다. 그리고 아마도 가까운 미래에도 여전히 그럴 것이다. 정체성 차원에서의 민족, 국가, 언어, 문화의 상호관계들, 다문화주의와 상호문화주의, 다수 집단과 소수 집단, 디아스포라, 이주 문학, 문화적 혼종성, 환경 문제, 협동조합 같은 키워드들이 이를 대변한다. 그런 의미에서 퀘벡에 대한 이해는 현대 사회의 지표, 아울러 한국 사회의 이해를 돕는 타산지석이라고 할 수 있으며, 우리는 이 책이 관심 있는 대중과 소통하기를 희망한다.

2017년 11월 한용택

차 례 |

1. 영화 〈감성적 기억〉과 퀘벡의 인디언

퀘벡인은 역사 속에서 언제나 희생자였는가?

퀘벡의 역사적 상상력 속에서 퀘벡인은 언제나 희생자로 등장한다. 영국군에 처참하게 패배한 후 경제적으로 착취당하고 정체성과 존엄성을 잃어 가는 퀘벡인의 모습은 문학이나 영화에 등장하는 강박적인 주제이다. 퀘벡인 희생자 재현은 인디언과의 관계에서도 계속된다. 퀘벡인은 역사적으로 한 번도 인디언을 군사적으로 지배하거나 정복하려 했던 적이 없다. 다만 인디언들이 퀘벡인들의 삶의 양식, 프랑스에서 가져온 물건들에 매혹되었을 뿐이다. 캐나다에서 퀘벡인들은 야만인들에게 복음을 전하다 잔인하게 살해되고 처참하게 희생당했다. 이는 이로쿼이족이 자행한 브뢰뵈프 사제 처형의 재현을 통해 반복되고 극대화된다. 그러나 퀘벡인들은 진정 잔인한 인디언들의 희생자였는가? 프랑시스 르클레르(Francis Leclerc)의 영화 〈감성적 기억(Mémoires affectives)〉은 관객에게 이렇게 질문한다.

영화 〈감성적 기억〉, "나는 기억한다"

2004년 퀘벡에서 제작된 영화 〈감성적 기억〉에서 우리는 과거에 대한 기억이 송두리째 삭제된 상태로 오랜 코마에서 깨어난 남자를 만난다. 과거에 대한 기억을 잃어버린 주인공 알렉상드르는 자신이 누구인지 모르는 남자, 이름은 있지만 그 이름의 의미를 모르는 남자다. 자기 이해의 뿌리가 뽑힌 상태의 알렉상드르는 자기 동일성을 상실한 존재다.

병원 측에서는 그가 자동차 사고를 당했다고 이야기한다. 그런데 아이러니하게도 그가 깨어난 후 처음으로 의식에 떠오른 과거의 영상은 자신을 향해 돌진해 오던 자동차 번호판에 새겨진 "나는 기억한다(Je me souviens)"라는 퀘벡의 모토이기도 한 문장이다. 그리고 그의 의식에는 기억하지 못하는 퀘벡의 원시 대자연이 담긴 영상들이 반복적으로 떠오르고, 알지 못하는 인디언의 언어로 된 시들이 떠오른다.

이 영화에는 "나는 기억한다"라는 퀘벡 모토의 의미를 재해석하려는 감독의 의도가 들어 있다. 1939년에 "나는 기억한다"가 퀘벡 주문장(紋章)에 새겨지면서부터 이 문구는 캐나다인들의 프랑스적인 기원을 의미했다. 그리고 '조용한 혁명(Révolution tranquille)' 시대에는 1760년 누벨프랑스(Nouvelle-France)[1]가 영국에게 정복당한 후 피지배 집단으로서 겪은 상실과 고난의 역사를 기억하자는 의미로 해석되어 왔다. 그러나 감독은 퀘벡의 역사는 프랑스의 점령 시점부터 시작하는 것이 아니라 그보다 수천 년 전부터 이곳에 살아온 인디언의 역사로 거슬러 올라가야 하는 것임을 기억하라는 의미로 이 문장을 해석하려고 하는 듯하다. 퀘벡의 역사는 400년의 역사가 아니라 수천 년의 역사

영화 〈감성적 기억〉의 포스터

이며, 이를 기억하지 못한다면 퀘벡은 자기 동일성을 상실할 수밖에 없는 것이 아닌가라고 감독은 퀘벡의 관객에게 묻고 있다.

〈감성적 기억〉에서 레바논 출신 여형사 막심은 알렉상드르의 파편적 기억을 바탕으로 범행을 저지른 자동차를 추적한다. 영화는 범인을 잡기 위한 막심의 수사 과정과 알렉상드르가 자신이 누구였는지를 타자의 기억에 의존하면서 재구축하는 과정을 탐정물 형식으로 전개해 나간다. 이 과정에서 자동차 사고를 당한 것은 알렉상드르가 아니라 사슴이라는 사실이 밝혀진다. 수의사인 알렉상드르는 사고를 당한 사슴을 안락사하려다 의식을 잃어버렸고, 사슴을 친 자동차

---

1) 누벨프랑스는 1534년부터 1763년까지 북아메리카에 위치했던 프랑스의 첫 번째 식민지로 수도는 퀘벡이었다. 누벨프랑스의 주요 영토는 아카디, 캐나다, 루이지애나를 포함하였다.

번호판을 기억하는 것이다. 그런데 알렉상드르는 어떻게 자신이 보지도 못하고 경험하지도 않은 자동차 사고를 기억하는 것일까? 이는 그가 알지도 못하는 몽타네 인디언의 말을 하는 것과 같은 이유에서다. 코마 상태이던 알렉상드르가 자신도 모르게 사슴의 기억과 인디언 사냥꾼의 기억을 흡수한 것이다. 알렉상드르를 치료하는 카메룬 출신 의사는 "당신은 사슴과 인디언 사냥꾼의 고태형 기억을 물려받은 겁니다"라고 설명한다.

집단적 트라우마

영화에서 '사슴'과 '인디언'은 프랑스인들이 도착하기 이전부터 퀘벡에 존재해 온 자연과 거주자들을 상징한다. 오논다가족 추장 데하카둔스는 유럽인들이 아메리카 대륙을 발견하였으므로 자신들의 땅이라고 주장하는 것에 대해 이렇게 말한다. "사람이 뻔히 살고 있는 땅을 어찌 새삼스럽게 '발견'한단 말이요? 정말 그럴 수 있다면 나는 당장 대서양을 건너가 영국을 '발견'하겠소."[2] 이처럼 영화는 프랑스인 카르티에가 1534년에 발견했으니 퀘벡은 자신들의 땅이라고 확신하는 퀘벡 유럽인들에게 최초의 거주자인 인디언의 존재를 상기시킨다. 그리고 인디언이 퀘벡의 자연을 지키기 위해 행한 비극적 투쟁을 사슴의 학살로써 상징적으로 재현한다.

---

[2] 로널드 라이트 지음, 안병국 옮김, 『빼앗긴 대륙, 아메리카』, 이론과실천, 2012, 35쪽 재인용.

알렉상드르가 자동차에 치여 설원에서 죽어 가는 사슴을 안락사하려다 코마 상태에 빠진 것은 우연히 일어난 일이 아니다. 거기에는 개인적인 트라우마와 동시에 집단적인 죄의식이 같이 작동하였다. 알렉상드르의 개인적 트라우마는 아버지와 관련이 있다. 그는 아버지로 인하여 불행한 어린 시절을 보냈다. 술주정뱅이에다 폭력적인 아버지 때문에 어머니는 가출했고, 형과 알렉상드르는 매일 아버지의 폭력과 압제에 시달리며 살아왔다. 어느 날 아버지는 형제를 데리고 사슴 사냥을 나선다. 그날 역시 아버지는 만취한 상태였다. 아버지가 총으로 쏜 사슴은 마지막 숨을 거두지 못하고 고통스럽게 숨을 헐떡이고 있었다. 아버지는 두려워서 울고 있는 어린 알렉상드르에게 사슴의 숨통을 끊으라고 윽박지른다. 아버지에게 사슴 사냥은 형제를 남자의 세계로 입문시키는 예식을 의미했으나 형제에게 사슴 사냥은 학살 행위를 의미했다. 형이 동생을 대신하여 아버지에게 반항하자 아버지는 형에게 무차별적인 폭력을 휘두른다. 이를 보던 알렉상드르는 사슴이 아닌 아버지에게 총탄을 발사하여 살해한다. 형제는 아버지의 시체를 호수에 던진 후 익사 사고로 가장하고 아버지 살해의 기억을 영원히 지우기로 약속한다. 그 후 형제는 각자 다른 가정에 입양되어 살았다.

이리하여 알렉상드르는 의도적으로 아버지와 형에 대한 기억을 폐기하려 했지만, 자신도 모르게 죽은 아버지를 모방하여 알코올 중독자이며 폭력적인 아버지가 되어 있다. 감독은 기억 바깥으로 내몰아 버린 과거에 대한 기억을 얼어붙은 퀘벡의 호수로 형상화하여 반복적으로 카메라에 담는다. 얼어붙어 흐름이 정지된 호수는 운동이 멎어 버린 알렉상드르의 기억을 암시한다. 기억의 운동은 과거와 현재를 연결해 준다. 정지된 기억으로 인하여 알렉상드르의 과거와 현재는 연결점을 잃었고 정체성은 파편화되어 있다. 역시 죽어 가는 사슴을 안락사해야 하는 상황은 알렉상드르로 하여금 억압한 죄의식을 일깨우며 그를 코마 상태로 빠지게 한 것이다.

알렉상드르의 개인적 죄의식은 인디언에 대한 퀘벡인의 집단적 죄의식과 연동된다. 퀘벡의 프랑스인들은 인디언의 절대적인 도움 없이는 이 땅에 정착할 수 없었다. 인디언들은 카르티에 일행에게 생 로랑 강 탐험 길을 안내한 안내자들이었으며, 샹플랭 일행에게 퀘벡의 혹독한 겨울을 이겨 낼 수 있는 여러 민간요법을 가르쳐 준 선생님들이었고, 퀘벡의 프랑스인들이 부를 축적한 모피 교역의 상대자들이었다. 프랑스인들과 영국인들은 인디언들이 수천 년간 살아온 땅에서 그들을 몰아내며 다른 땅을 주겠다는 약속을 하고 그 땅에 정착했다. 그러나 아직까지도 약속한 땅은 인디언에게 반환되지 않고 있다. 또한 프랑스인들이 퀘벡의 인디언들에게 가져온 병균과 무기는 인디언 부족들 간의 전쟁과 전염병을 유발하여 인디언 인구를 대폭 감소하게 만들었다.

이처럼 퀘벡의 역사는 유럽인의 인디언에 대한 폭력의 역사로 시작되었다는 것을 기억에서 지워 버린다면 알렉상드르처럼 오늘의 퀘벡인들의 정체성은 파편화될 수밖에 없다. 영화에 등장하는 사슴에 가해지는 총격, 아버지 살해는 유럽인이 인디언에게 강요한 폭력과 희생의 역사를 은유한다. 그러므로 알렉상드르가 코마 상태에서 깨어난 후 갑자기 자신이 알지도 못하는 몽타네 인디언의 말을 하는 것은 우연이 아니다.

퀘벡의 인디언 부족

몽타네(Montagnais) 부족은 퀘벡의 북쪽 타두삭에서 최초로 프랑스인과 모피 교역을 하던 부족으로, 탐험가인 샹플랭(Samuel de Champlain)에게 환영식을 열어 주었으며 그가 퀘벡 탐사를 통하여 지도를 제작하는 데 결정적인 역할을 했다. 오늘날 몽타네 부족은 퀘벡에 생존하는 가장 많은 인구를 기록하는 인디언 부족이다. 현재 퀘벡에 거주하는 인디언은 약 8만여 명이며, 그중 몽타네 부족은 1만 6천여 명에 이른다.

퀘벡의 인디언은 크게 두 언어군, 알공킨어군 부족 집단과 이로쿼이어군 부족 집단으로 분류된다. 알공킨어군에 속하는 인디언 부족은 여덟 개 부족으로 몽타네, 아베나키(Abénaquis), 크리(Cris), 알공킨(Algonquins), 믹맥(Micmacs), 아티카멕(Attikameks), 말레시트(Malécites), 나스카피(Naskapis) 부족이 있고, 이로쿼이어군에는 두 개의 부족인 휴론(Hurons)과 이로쿼이(모호크, Mohawks) 부족이 있다. 이 두 어군의 부족은 언어만이 아니라 생활방식에서 결정적으로 차별화된다. 알공킨어군 부족들은 유목민이어서 영토에 대한 소유 개념이 없었다. 반면에 이로쿼이어군 부족들은 정착민이기에 자

카르티에와 돈나코나의 만남

신의 땅을 점유하는 프랑스인들과 갈등을 빚을 수밖에 없었다.

프랑스인과 인디언의 첫 대면

퀘벡에서 프랑스인과 인디언이 처음 대면한 것은 1534년 카르티에(Jacques Cartier)가 동양의 보물을 찾아 항해하다 우연히 퀘벡의 가스페(Gaspé)에 도착했을 때의 일이다. 그는 "프랑스 국왕 만세"라고 새겨진 거대한 십자가를 세우고 이 땅이 프랑스 왕령이라고 선포하였다. 십자가를 본 이로쿼이 부족의 추장 돈나코나(Donnaconna)는 자신의 허락 없이는 아무것도 땅에 꽂을 수 없다고 화를 냈다. 이에 카르티에는 십자가는 자신들이 어디에 배를 정박했는지 표시하는 지표일 뿐이라며 자신의 도끼와 추장의 옷을 교환하고 싶다는 몸짓과 함께 그를 안심시켰다. 옷과 도끼를 교환하려고 추장 일행이 카르티에 일행에게 다가가자 즉시 그들을 생포했다. 카르티에 일행은 추장의 두 아들을 인질로 삼아 프랑스로 데리고 가 버렸다.

이듬해인 1535년 카르티에 일행은 추장의 두 아들을 데리고 돌아와 돌려주었다. 그들은 이로쿼이 부족의 안내로 생로랑 강을 거슬러 올라가는 탐사를 한다. 강을 거슬러 올라가며 안내하던 인디언이 북쪽 연안을 가리키며 "가나타(Kanata)"라고 외쳤다. 이는 이로쿼이어로 마을이란 뜻이었으나 카르티에 일행은 이를 그곳의 지명으로 알아들었다. 이것이 오늘날 캐나다(Canada)라는 이름이 지어진 유래이다. 이로쿼이 부족은 생로랑 강가에 있는 요새로 된 자신들의 마을로 카르티에 일행을 안내했다. 인디언들은 이 마을을 "호츨라가(Hochelaga)"라고 불렀고 거기에는 약 1,500명의 인디언이 살고 있었다. 카르티에는 이 마을에 속하는 언덕에 올라가 '국왕의 산'이라는 뜻의 라틴어 "Mons realis(Mont Royal)"라고 명명했는데 이곳이 바로 오늘날의 몬트리올이다.

카르티에 일행은 물살이 급격히 빨라지는 강의 상류를 더 이상 탐사하지 못하고 퀘벡으로 돌아와 그곳에서 겨울을 보냈다. 그러나 그곳의 겨울은 상상할 수 없이 혹독했고, 카르티에 일행은 비타민 C 결핍으로 괴혈병에 걸려 고통을 받았다. 이로쿼이족은 가문비나무 껍질을 삶은 물을 마시는 민간요법을 알려 주며 처음에는 카르티에 일행을 도와주지만 차츰 그들이 퀘벡에 정착하려는 눈치가 보이자 경계하기 시작했다. 혹독한 겨울이 지나고 봄이 오자 카르티에 일행은 이로쿼이 부족을 초대하여 잔치를 벌이고 그 자리에서 이번에는 추장을 포함한 다섯 명의 인디언을 납치하여 프랑스로 돌아가 버렸다. 인질로 잡혀간 돈나코나 추장은 고향으로 돌아가기 위해 보물이 숨겨진 곳으로 안내하겠다고 거짓말을 하며 애원했으나 끝까지 고향으로 돌아오지 못하고 프랑스에서 비극적인 생을 마감해야 했다.

퀘벡이 금은보화 가득한 동양의 입구라고 믿었던 카르티에는 돈나코나 추장의 말을 확인하고 싶었다. 그래서 그는 프랑수아 1세를 설득하여 1541년 세 번째 탐사를 감행한다. 세 번째 탐사에서 마침내 그는 빛나는 보석이 박힌 돌을 발견하고 황금이라고 확신하며 의기양양하게 프랑스로 돌아온다. 그러나 본국으로 돌아온 그는 그것이 황금이 아닌 운모에 불과하다는 것을 알고는 크게 실망하였다. 결국 동양의 금은보화를 찾아 캐나다로 왔던 카르티에는 혹한과 괴혈병 등으로 많은 선원만 잃고 다시는 이곳으로 돌아오지 않았다.

카르티에의 쓰라린 경험으로 인해 프랑스는 캐나다를 '발견'하고도 60년 동안 방치했다. 그러나 다른 유럽 국가들이 계속 아메리카 대륙을 탐사하고 영유권을 주장하기 시작하는 것에 불안해진 프랑스는 캐나다에 식민지를 건설하게 된다.

종교의 전파와 부의 축적

샹플랭이 캐나다에 식민지를 건설하게 된 것은 1603년 3월 항해사이며 모피 무역상인 프랑수아 그라베 뒤 퐁(François Gravé du Pont)의 퀘벡 원정에 동행하면서부터였다. 20년 전부터 퀘벡을 드나들었던 그라베는 모피 교역을 하면서 몽타네 부족과 우호적 관계를 유지해 왔다. 샹플랭과 그라베 일행은 몽타네 부족 추장 아나다비주(Anadabijou)를 방문하여 환대를 받았다. 그들은 인디언과 평화 의식으로 담배를 나눠 피웠다. 그 자리에서 그들은 프랑스 국왕은 이 땅에 선행을 베풀어 인구를 증가시키고자 한다고 인디언에게 전했다. 샹플랭은 몽타네 부족의 도움으로 카르티에가 탐사하지 못했던 생로랑 강 하류까지 탐사에 성공하고 돌아온다. 같은 해 9월에 프랑스로 돌아온 샹플랭은 '야만인'이라는 제목의 여행기에 몽타네 부족의 삶과 카르티에가 탐사했던 생로랑 강 유역의 지도를 작성하여 앙리 4세에게 보고했다.

1604년 최초로 프랑스인으로서 북아메리카에 정착한 샹플랭 일행은 5년 동안 갖은 실패와 고초를 겪은 후 1608년 오늘날의 퀘벡 시에 정착하게 된다. 이곳은 생로랑 강폭이 갑자기 좁아지는 위치에 있어서 전술적으로 중요한 장소였으며, 프랑스가 모피 교역의 독점권을 행사하기에 유리한 곳이었다. 이전에는 주로 타두삭에서 모피 교역이 이루어졌으나 그곳에서는 프랑스뿐 아니라 네덜란드, 스페인의 바스크와 경쟁적으로 모피 교역을 해야만 했다. 또한 일찍부터 유럽과 모피 교역을 했던 타두삭의 몽타네 부족은 다른 부족들에 비해 모피 가격을 올리는 방법을 잘 알고 있었다. 그들은 유럽의 배들이 많이 들어오는 때를 기다려서 모피를 내놓았기 때문에 유럽 모피상들이 경쟁적으로 가격을 올려 모피를 매입하였다. 그래서 프랑스인들은 몽타네족보다 순진한 다른 부족을 교역 상대자로 원하였다. 샹플랭은 생로랑 강이 내려다보이는 언덕에 요새를 세우고 그곳에 대포를 설치하고 경쟁 관계에 있는 모피 무역상들의 출입을 막고자 했다. 그런데 이곳은 원래 이로쿼이 부족이 살던 땅이었다.

1610년 허드슨 강의 발견 이후 모호크족(이로쿼이족)과 교역을 시작한 네덜란드는 프랑스와는 다른 길을 걸었다. 프랑스 국왕의 아메리카 식민 정책은 모피 교역을 통한 부의 축적과 가톨릭교의 전파라는 두 가지 목표가 있었던 반면, 신교 국가인 네덜란드는 종교의 전파보다는 모피 교역을 통한 부의 축적이 목표였다. 일찍부터 자본주의에 눈을 뜬 네덜란드는 서인도회사를 내세워 1626년 비버 10여 마리에 해당하는 가격에 인디언에게 맨해튼을 매입하고 뉴네덜란드의 최초 거주지 포트 오렌지(Port Orange)를 건설했다. 이로써 네덜란드인들은 합법적으로 인디언으로부터 토지의 소유권을 넘겨받은 반면에, 프랑스인들은 '야만인'들에게 자신의 종교를 전파해야 한다는 명목으로 인디언의 땅을 무단 침입한 것이다.

프랑스의 식민화와 휴론족의 멸망

일찍부터 프랑스와 교역을 했던 휴론족과 알공킨족에 비해, 내륙에 거주했던 이로쿼이족은 상대적으로 모피 교역에서 소외되어 있었다. 1626년 이후에나 본격적으로 네덜란드와 교역을 시작한 이로쿼이족은 상대적으로 늦은 시기에 유럽 물품을 손에 넣을 수 있었다. 그리하여 이로쿼이족은 알공킨족과 휴론족 마을을 공격하여 유럽의 교역 상품들을 약탈해 갔다. 그러자 휴론족은 샹플랭에게 군사 동맹을 맺어 마을을 방어해 준다면 동양으로 가는 길을 안내하겠다고 제안했다. 카르티에처럼 대륙의 서쪽으로 가면 금은보화가 가득한 동양으로 갈 수 있다고 믿었던 샹플랭은 1615년 휴론족과 군사 동맹을 맺고 안내를 받아 탐사를 떠났다. 탐사 길에서 이로쿼이족과 마주친 샹플랭 일행은 그들에게 총을 쏴 혼비백산하여 도망치게 만들었다.

프랑스와의 동맹은 사실상 휴론족에 대한 프랑스의 식민화의 시발점이 되었다. 이 동맹으로 인하여 프랑스군은 휴론족 마을에 상주하게 되었을 뿐 아니라 제일 많은 모피를 제공하는 휴론족과 독점적으로 교역을 하게 되었다. 이렇게 하여 휴론족은 군사적, 경제적, 정신적으로 프랑스에 점점 의존하게 되었다. 그래서 휴론족의 마을에는 군인들뿐 아니라 가톨릭 사제들도 상주하여 그들을 개종시키는 데 주력했다. 사제들은 휴론족 마을에서 인디언의 생활방식대로 살면서 그들을 개종시켰다. 그리고 프랑스는 가톨릭 인디언과 비가톨릭 인디언에 대해 차별적인 정책을 행하였다. 개종 여부에 따라 모피 가격을 2배나 차이 나게 지불했으며, 개종한 인디언에게만 제한적으로 무기를 팔았다. 그러나 이는 휴론족의 멸망을 앞당기는 결과를 낳았다. 휴론족은 프랑스인들과 함께 생활함으로써 다른 부족보다 더 많이 전염병에 노출되었으며, 네덜란드 무역상들로부터 자유롭게 무기를 구입할 수 있었던 이로쿼이족에 비하여 군사적으로 열세 상태에 놓이게 되었다.

브뢰뵈프 사제의 죽음

유럽인들과 교역하기 시작하면서 아메리카 인디언들은 전염병에 감염되어 인구가 감소하기 시작하였다. 천연두, 홍역, 홍진, 성홍열, 디프테리아, 백일해 등 가축을 통해 인간에게 전염되는 병균들에 대해 유럽인들은 면역성이 있었으나, 가축을 키운 적이 없는 인디언에게 이런 병균은 치명적이었다. 따라서 상대적으로 유럽인과 접촉이 늦었던 이로쿼이족에 비해 식민 초기부터 프랑스 군인과 사제들과 함께 생활한 휴론족의 사망자가 더 많았다. 특히 1634년에서 1640년 사이에 반복적으로 창궐한 천연두로 인해 휴론족뿐 아니라 이로쿼이족의 인구도 반으로 감소했다. 그런데 함께 생활하는 프랑스 사제들은 죽지 않고 자신들만 죽자, 인디언들은 프랑스 사제들이 마법으로 자기들을 죽이고 있다고 생각하고 사제들을 죽이려 한 경우도 있었다. 화난 휴론족의 테러를 피해 더 깊은 내륙 마을로 들어간 사제 중한 명이 장 드 브뢰뵈프(Jean de Brébeuf)이다.

1647년에 브뢰뵈프 사제의 도착과 함께 천연두가 휴론족 마을에 돌았다고 한다. 1649년 3월 브뢰뵈프는 이로쿼이족의 습격을 받아 생포되어 그들의 마을로 끌려갔고, 마을 사람들은 그에게 돌을 던지며 가혹한 폭력을 가하였다. 사제들이 마술을 써서 인디언들을 죽인다고 믿은 이로쿼이족은 가장 잔혹한 방법으로 브뢰뵈프 사제를 죽였다. 그들은 그를 처형대에 묶은 후에 가톨릭 세례를 조롱거리로 만들려고 온몸에 끓는 물을 부었고, 날카로운 칼이 박힌 목걸이를 걸고, 뜨겁게 달군 쇠를 목구멍에 밀어 넣었다. 그런 다음 사지를 칼로 난도질하여 죽인 후 그의 심장을 파먹었다. 브뢰뵈프 사제는 상상할 수도 없는 이 가혹한 형벌을 비명조차 지르지 않고 초인적으로 견뎌 냈다고 한다.

모피 교역의 세력 불균형

모피 교역 초기에는 모피상들 간의 경쟁이 심했으나 점차 생말로, 생장드뤼즈, 라로셸 출신의 무역상들이 무역상회를 결성하여 독점권을 행사하기 시작했다. 그러나 1621년 기욤(Guillaume)과 에므리 드 카엥(Emery de Caën)은 궁정의 영향력을 이용하여 무역상회로부터 모피 교역 독점권을 빼앗았다. 1627년에 프랑스 재상 리슐리외(Richelieu) 추기경은 네덜란드의 서인도회사를 모방하여 일백조합상사(Compagnie des Cent-Associés)를 세웠다. 그 후 30년 동안 궁정과 친밀한 관계에 있던 귀족과 파리와 루앙에 근거지를 둔 20여 명의 가톨릭교도 상인들이 주축이 된 일백조합상사는 누벨프랑스의 모피 교역을 독점하였다.

일백조합상사의 모피 교역 독점권은 퀘벡의 인디언에게는 상당히 불리한 것이었다. 퀘벡의 인디언 부족들은 경쟁적으로 모피를 판매하려고 하였고, 모피를 구입하는 곳은 오로지 한 곳이었기 때문이다. 그 결과 모피 가격은 턱없이 싼 가격에 거래될 수밖에 없는 상황이 되었다. 마구잡이로 비버를 사냥한 결과로 1630년경에는 휴론족 지역에 비버가 멸종되었고, 1640년경에는 이로쿼이족 지역의 비버가 멸종되었다. 그 결과 그들은 내륙 지역에 있는 인디언들에게 비버를 사들여 유럽인들에게 파는 중개상의 역할을 하게 되었다.

유럽인이 아메리카에 들어오기 전 인디언 부족들은 나름대로 자급자족의 형태로 살았다. 그러나 유럽의 물품들이 들어오면서 부족들 간의 세력 균형이 깨졌고 점점 유럽식 생활 물품, 밀가루, 술, 무기 등에 종속되기 시작한 인디언들 간에 치열한 전쟁이 벌어졌다. 이전에도 부족 간의 갈등은 존재했으나 석기 시대 무기로 싸우던 전쟁의 형태가 유럽의 철제 무기, 특히 총을 사용하는 전쟁의 형태로 변모하면서 퀘벡의 인디언 사회는 점차 붕괴되어 갔다.

인디언 보호구역

북아메리카로 이주한 유럽인들은 원주민 인디언들의 생활 터전인 산림을 마구잡이로 훼손하고 그곳에 돼지 같은 가축을 키웠다. 인디언들은 유럽인들을 공격하여 가축을 도살하거나 훔쳐갔다. 사냥과

채집으로 살아가던 인디언들은 점점 생활의 터전을 잃고 이주해야만 했다. 그들의 존재는 결국 아메리카에 정착한 유럽인들에게 경제적, 정신적, 문화적으로 위협적인 골칫덩어리가 되었다. 그 해결책으로 프랑스 식민주의자, 정확히 말해 예수회와 식민 통치자들은 인디언 보호구역을 만들었다.

1635년 예수회는 실레리(Sillery)에 예배당과 공공건물, 집 등을 지어 인디언들에게 제공하였다. 알공킨족 두 가족이 최초로 그곳에 거주하였고, 1639년에는 쉰여섯 가족이 들어왔다. 그러나 유목민 출신의 알공킨족은 정착 생활에 적응하지 못하고 모두 떠나고 말았다. 그래서 1650년 예수회는 지주제 형태를 도입했다. 그에 따라 이곳에 정착한 인디언들은 땅을 경작했고 예수회 사제의 허락 없이는 땅을 팔거나 떠날 권리가 없었다. 자유를 박탈당한 유목민 출신 인디언들은 결국 병에 걸려 죽거나 알코올 중독자로 전락하고 말았다. 결국 1660년 실레리 인디언 보호구역에 살아남은 인디언은 한 명도 없었다. 그래서 더 이상 많은 땅이 필요 없어진 예수회는 프랑스 식민 개척자들에게 땅을 팔았다. 다른 인디언들에 비해 정착민 출신의 휴론족이 제일 잘 적응하는 편이어서 앙시엔로레트(Ancienne-Lorette)에 있는 일종의 인디언 난민 수용소에 정착했다.

퀘벡, 존재론적 공간

1990년 7월에 발생한 인디언과 백인 캐나다인들 간의 영토 분쟁이 인디언 전사들의 개입, 57일간의 메르시에 다리 점령, 무력 충돌 등으로 확대된 오카 사태가 일어난 지 거의 30년이 지났지만 인디언들은 여전히 유럽 식민지주의자들이 약속했던 땅을 돌려받지 못하고 소위 보호구역이라는 땅에 갇혀 살고 있다. 유럽인들이 자행한 산림 훼손으로 삶의 터전을 잃어버린 인디언에게 자연의 보존은 생존의 문제이다. 인디언들이 삶의 터전을 잃어버리고 죽어 가는 이미지는 〈감성적 기억〉에서 사슴으로 형상화된다. 총을 든 알렉상드르 가족에게 쫓기는 사슴과, 식량을 찾아 눈 덮인 도로까지 내려와 길을 잃은 사슴 모두 삶의 터전을 빼앗긴 인디언을 환기시킨다. 그러므로 사슴을 구하려다 코마 상태에 빠진 알렉상드르가 몽타네 인디언의 언어를 기억하는 것은 바로 사슴의 기억이 유산으로 물려받았음을 상징한다. 〈감성적 기억〉에서 알렉상드르가 몽타네 인디언 원주민의 말을 하고, 사슴의 의식을 흡수하기도 하는 것은 그의 잠재의식 속에 '고태의 잔재', 혹은 집단의 '기억 흔적'이 남아 있기 때문이다. 그의 기억 속에는 퀘벡에 거주해 온 생명들의 기억이 고스란히 잠재해 있다. 퀘벡의 설원도 그곳에 거주했던 생명들의 기억을 고스란히 담고 있다.

낯선 침입자들인 샹플랭 일행에게 환영 잔치를 열어 준 몽타네 인디언들에게 땅은 소유하는 것이 아니라 함께 존재하는 공간이었다. 이런 맥락에서 퀘벡이란 공간은 한 민족이 소유권을 주장할 수 있는 땅이 아니라 공존해야 하는 공간임을 〈감성적 기억〉은 보여 준다. 퀘벡은 인디언과 이주민이 공존하고 인간과 자연이 함께 존재하는

공간, 즉 '존재론적 공간'이어야 한다는 과제를 지니고 있다. [이인숙]

영화 정보

감독 : 프랑시스 르클레르 / 장르 : 드라마 / 러닝타임 : 1시간 40분 / 개
봉 : 2004년

참고문헌

퀘벡학연구모임, 『키워드로 풀어보는 퀘벡 이야기』, 아모르문디, 2014.

Denys Lelâge, *Le Pays renversé ; Amérindiens et Européens en Amérique du Nord-Est* - *1600-1664*, Boréal, 1991.

Dianne Boudreau, *Histoire de la littérature amérindienne au Québec*, L'Hexagone, 1993.

Pierre Lepage, «Oka, 20 ans déjà! Les origines lointaines et contemporaines de la crise», *Recherches amérindiennes au Québec*, Volume 39, Numéro 1-2, 2009, Pages 119-126.

Heinz Weinmann, *Du Canada au Québec ; Généalogie d'une histoire*, L'Hexagone, 1987.

Lacoursière, Provencher, Vaugeois, *Canada-Québec 1534-2010*, Septentrion, 2011.

Francis Leclerc, *Mémoires affectives*, Palomar Films, 2004.

2. 누벨프랑스로 건너온 '왕의 딸들'과 안 에베르의 소설 『첫 정원』

안 에베르의 『첫 정원』과 '왕의 딸들'

미셸, 자케트
미뇰레, 질레트
물라르, 엘레오노르
팔랭, 클로드-필리베르트
르 메를 도프레, 마르그리트
(…)
뚱뚱하든지 여위었든지, 아름답든지 덜 아름답든지, 용기가 있든
지 그렇지 않든지 간에. 미개인들과 혹독한 겨울, 숲 속에 사는 것
이 너무 두려워서 프랑스로 돌아간 그녀들, 열 명 또는 열다섯 명
의 자녀가 있었던 그녀들, 모든 아이들을 잃었던 그녀들, 열두 명

의 죽은 아기를 낳고 유일하게 한 아기만 살려 내는 데 성공했던 그녀(운명을 쫓아내기 위해 '소망'이라 불렀던 딸은 태어난 지 석 달 만에 저세상으로 떠났다), 간통죄로 도시의 네거리에서 채찍으로 맞고 머리가 깎였던 그녀, 그리고 마지막 선박을 타고 프랑스에서 왔으나 1670년 1월 4일 눈 위에서 죽어 1월 5일에 공동묘지에 묻힌 가엾은 르네 쇼브뢰.

Michel, Jaquette

Mignolet, Gillette

Moullard, Eléonore

Palin, Claude-Philiberte

Le Merle d'Aupré, Marguerite

(…)

Toutes sans exception, les grasses et les maigres, les belles et les moins belles, les courageuses et les autres, celles qui sont rentrées en France, trop effrayée pour vivre ici, parmi les sauvages, la foret et le terrible hiver, celles qui ont eu dix ou quinze enfants, celles qui les ont tous perdus à mesure, celle qui a réussi à en sauver un seul sur douze mort-nés, c'était une petite fille qu'on a appelée Espérance pour conjurer le sort, mais elle est décédée à l'age de trois mois; celle qui a été rasée et battue de verges aux carrefours ordinaires de la ville pour crime d'adultère, et la petite Renée Chauvreux, enterrée dans le cimetière, le cinq janvier 1670, venue de France par les derniers vaisseaux et trouvée morte dans les neiges, le quatre janvier de ladite année.

(안 에베르(Anne Hébert), 『첫 정원(Le Premier jardin)』, p.103)

안 에베르의 소설 『첫 정원』(1988)의 주인공 플로라 퐁탕주(Flora Fontange)가 17세기에 고향인 프랑스를 떠나 황무지와 같았던 누벨 프랑스에 정착한 '왕의 딸들'을 호명하면서 경의를 표하는 장면이다. 고아로 태어난 플로라 퐁탕주는 세 개의 이름을 가진 인물이다. 1916년 성 베드로(Saint-Pierre)와 성 바울(Saint-Paul) 축일에 태어났다고 해서 그녀의 첫 이름은 피에레트 폴(Pierette Paul)이었고, 고아원인 성 루이 양육원에서 열한 살까지 살았다. 그러다가 고아원에 불이 나서 36명의 고아가 죽고 살아남은 아이들도 뿔뿔이 흩어져야 하는 신세가 되었다. 피에레트는 스코틀랜드 출신 영국계 가정에 입양되어 마리 에방튀렐(Marie Eventurel)이라는 새 이름을 얻고 열여덟 살까지 몬트리올에 살다가, 캐나다와 유럽을 오가는 배의 객실 청소를 하는 직업을 갖게 된 후 퀘벡을 떠나 자신만의 인생을 펼치기 위해 프랑스에 정착하게 된다. 프랑스에서 연극배우가 된 마리는 플로라 퐁탕주로 이름을 바꾸고 40여 년을 살았다. 이 소설의 주요 시간적 배경은 1976년 6월부터 8월까지이고, 공간적 배경은 퀘벡이다. 예순살의 연극배우인 주인공 플로라 퐁탕주는 1937년 떠났던 고향에 공연을 위해 처음으로 돌아왔다.

17세기 중후반 프랑스 식민지 였던 아메리카 대륙의 누벨프랑스 지역에 이주했던 '왕의 딸들' 역시 대부분 고아이거나 가난한 집 딸로 태어나 결혼 자금을 마련할 수 없었던 신분의 여성들이었다. 왕이 지참금을 마련해 주는 대신, 신대륙의 프랑스령 지역으로 이주하여 그곳에서 결혼하여 정착하는 것이 '왕의 딸들'의 임무였다. 하층민의 삶으로부터 탈피

안 에베르의 『첫 정원』 표지

해 자신의 인생을 새롭게 개척해 나가려는 의지로 지금의 퀘벡 지역에 이주한 '왕의 딸들'은 안 에베르 소설의 주인공 플로라 퐁탕주와 닮아 있다. '왕의 딸들'이 원시림에 둘러싸인 누벨프랑스에서 완전히 새로운 환경과 생활방식에 적응하기 위해 수많은 역경을 헤쳐 나가야 했던 것처럼, 플로라 퐁탕주는 프랑스에서의 삶을 개척하고 자신의 정체성을 찾기 위해 끊임없는 노력을 기울여야 했다. 이처럼 소설은 20세기를 살아 낸 주인공의 인생과 퀘벡의 뿌리와 같은 '왕의 딸들'의 삶을 씨줄과 날줄로 엮어 낸다.

초로의 연극배우로 고향을 방문한 플로라 퐁탕주는 딸의 친구이며 역사를 공부하는 라파엘과 함께 박물관들을 다니며 퀘벡의 역사

를 되짚어 본다. 특히 누벨프랑스로 불리던 퀘벡의 초창기 역사에 대해 많은 이야기를 나누던 주인공들은 박물관에 있던 '왕의 딸들'의 이름을 호명하면서 그녀들을 그냥 지나쳐서는 안 될 뿐 아니라 그 누구라도 예외 없이 경의를 표해야 한다고 말한다.

'왕의 딸들' 중에는 힘겨운 야생의 삶을 이겨 내지 못하고 본국으로 되돌아간 사람도 있었고, 원시림에 몇 달씩 사냥을 떠나는 남편 몰래 간통을 저지르는 이도 있었다. 그리고 이들은 인디언의 침략과 영국인들에 대항하기 위해 인구를 증가시켜야 한다는 절박한 이유에서 '왕의 딸들'로 명명되었기 때문에 많은 자녀를 출산했지만, 열악한 환경과 의약품 부족으로 대부분의 자녀들을 잃는 아픔도 견뎌 내야 했다. 심지어 힘겨운 항해를 마치고 겨우 도착한 누벨프랑스에서 평생 한 번도 경험해 보지 못한 매서운 겨울 추위를 견디지 못하고 죽어 간 '왕의 딸들'도 있었다. 소설에 언급된 르네 쇼브뢰는 실제로 존재했던 인물로 오를레앙 출신이었으며 1669년 가을 누벨프랑스에 도착했으나 첫 겨울을 견뎌 내지 못하고 1670년 1월 4일에 눈 위에 쓰러져서 세상을 떠났다는 기록이 남아 있다. 작가는 역사 속 인물을 소설 속에 소개하면서 그녀가 프랑스에서 가지고 왔던 보잘것없는 소지품 목록을 열거하기도 한다. 거기에는 두 벌의 예복, 볼품없는 스커트 두 점, 곱슬곱슬한 모직으로 된 실내복, 소매 없는 여성용 속옷 하나, 개가죽으로 된 토시 하나와 양가죽 장갑 두 켤레 등이 포함되어 있다. 대부분 이렇게 초라한 소지품을 가지고 퀘벡에 왔지만 야생의 땅을 개간하고 많은 자녀들을 출산한 '왕의 딸들' 덕분에 그곳은 점차 인구가 늘어나고 사람이 살 만한 땅이 될 수 있었던 것이다. 안에베르는 이런 세세한 묘사를 통해 바로 '왕의 딸들'이 오랫동안 역사의 전면에 당당히 드러나지는 않았으나 지금의 프랑스어권 캐나다인들의 중요한 뿌리였음을 잊지 말아야 함을 강조하는 듯하다.

누벨프랑스를 향하여: '왕의 딸들'의 항해

"어느 날, 우리들의 어머니 이브는 아직 존재하지 않았던 우리를 무(無)와 황무지로부터 빠져나오게 하기 위해 대양을 가로지르며 여러 달 동안 항해하는 커다란 범선에 올랐다. 금발, 갈색머리, 또는 붉은 머리칼의 그녀는 웃고 있으면서도 울고 있었다. 우리의 어머니에게는 계절이, 대지와 퇴비가, 눈과 얼음이, 두려움과 용기가 뒤섞여 있었다. 그녀의 까칠까칠한 손은 우리 얼굴을 스치고, 우리 볼을 어루만진다. 우리는 그녀의 아이들이다."(『첫 정원』, p.100)

'왕의 딸들'은 길고 험난한 여행으로 인해 병이 나거나 배가 난파되어 대서양의 어딘가를 떠돌다 죽을 수도 있는 위험을 무릅쓰고 새로운 삶을 시작하기 위해 신대륙을 향한 항해를 떠났다. 그곳에 도착하면 계약된 사람과 만나 바로 결혼하고 아이를 낳아 기르며 황무지를 개간하는 삶이 그녀들을 기다리고 있었다. 새롭고 낯선 곳에 대한 두려움이 있는 한편 호기심과 용기가 있었기에 가능한 결정이었다. 원시림이 무성하고 인디언들의 공격이 잦았던 누벨프랑스에 정착하기 위해 그녀들은 위험에 처했을 때 스스로를 지키기 위해 도끼를 다루는 법, 총 쏘는 법을 배워야 했다. 육로가 제대로 건설되지 않았던 당시에는 뗏목이나 카누 등을 타고 비교적 안전한 강 길로 이동해야 했으므로 노를 젓는 법도 배워야 했다. 먹고살기 위해 땅을 개간하여 농작물을 가꿔야 했으므로 농촌 출신이 아닌 '왕의 딸'은 농사법을 배워야 했다. 혹독하기 짝이 없는 길고 긴 겨울을 견뎌 내는 것도 힘든 일이었다. 프랑스와는 완전히 다른 풍토와 날씨에 적응하면서 살아야 했다. 비록 손은 까칠까칠해졌지만 그녀들이 새로운 땅에 정착하기 위해 피땀을 흘리며 노력하고 헌신했기 때문에 지금의 퀘벡이 존재할 수 있었다.

'왕의 딸들'의 등장 배경

17세기 중후반 프랑스의 상황

1648년 다섯 살의 나이에 왕위를 계승한 루이 14세는 오랫동안 왕으로서의 위엄과 권위를 내세우지 못했다. 어머니인 안 도트리슈(Anne D'Autriche)의 섭정과 재상 마자랭(Jules Mazarin)의 정치적인 영향력 때문이었다. 안 도트리슈가 사망한 후 1660년 8월 루이 14세는 드디어 파리의 왕궁에 입성하게 되었고, 그때부터 친정을 시작했다. 권력을 획득한 왕은 "짐(朕)은 곧 국가이다(L'Etat, c'est moi)"라는 유명한 문장이 말해 주듯 절대주의 시대의 대표적 전제군주가 되었다.

한편 루이 14세는 콜베르(Jean-Baptiste Colbert)를 재무장관 및 해양국무경으로 임명하여 중상주의 정책을 펼침으로써 경제적인 번영을 꾀했다. 콜베르는 군사적 역량을 높임과 동시에 산업의 발전을 꾀하여야만 프랑스의 힘을 과시할 수 있다고 생각하는 인물이었다. 유럽과 전 세계를 지배하기 위해 수출은 최대화해야 하고 수입은 최소화해야 한다는 것이 그의 주장이었다. 국외 생산품에 의존하지 않고 자급자족하는 것이 그의 목표였다. 이런 경제 전략을 성공시키려면 프랑스의 식민지가 번영하는 것이 급선무임을 간파한 콜베르는 식민지에서 본국이 필요로 하는 식료품을 생산하고 본국의 생산품을 소비하는 역할을 수행할 수 있도록 조치를 취하였다.

초기 누벨프랑스의 상황

1608년 샹플랭이 프랑스 왕실을 상징하는 깃발을 꽂음으로써 퀘벡 시의 탄생을 알렸고, 당시의 국왕 앙리 4세는 그 지역을 누벨프랑스라고 명명한다. 프랑스의 식민지 누벨프랑스는 이후 국내의 불안정한 정세 때문에 1628년부터 1633년까지 영국의 통치하에 있다가 조약에 의해 다시 프랑스령이 된다. 이후에도 누벨프랑스는 이로쿼이족의 잦은 습격으로 안정적인 발전을 이룰 수가 없었다. 군사 훈련을 받은 적이 없지만 자신과 가족을 지키기 위해 이로쿼이족에게 대항하던 사람들조차 점차 두려움에 사로잡히게 된다.

1661년 몬트리올에 파견된 뒤 부아 다보구르(Du Bois d'Avaugour) 총독은 적어도 3천 명의 군인이 주둔해야 자신들의 영토를 인디언의 공격으로부터 방어할 수 있다고 판단한다. 총독은 왕에게 누벨프랑스의 상황을 알리고 군사 지원 요청을 하기 위해 열두 살 때부터 그곳에 살면서 인디언 언어까지 배운 지역 전문가 프랑스 피에르 부셰(France Pierre Boucher)를 본국으로 보낸다. 후에 누벨프랑스에 관한 저서에서 "이 악당들(이로쿼이 인디언)에게 사로잡히거나 죽임을 당할까 봐 두려워서 사냥이나 낚시를 하러 나갈 수가 없다"고 밝혔듯이, 부셰는 인디언들의 위협이 사라진다면 비옥한 누벨프랑스가 풍요로워질 것이며 끝을 가늠할 수 없는 원시림과 그 안에 서식하는 동식물들이 본국의 필요를 채울 수 있을 것이라고 루이 14세와 콜베르를 설득했다. 누벨프랑스에 안전과 평화가 보장된다면 프랑스에도 경제적으로 큰 도움이 될 것이라는 부셰의 주장은 모두 수용된다. 이후 루이 14세는 누벨프랑스의 행정 체계를 대폭 강화하고 1,200여 명의 군인과 수백 명의 '왕의 딸들'을 이주시킨다.

누벨프랑스 인구 증가의 필요성과 '왕의 딸들'

누벨프랑스의 안전을 위해 파견된 군인들은 영주권을 획득해 정착하는 경우가 많았다. 또한 본국에서 신세계를 개간하기 위해 이주하는 사람들도 많았다. 그러나 여성은 무척 드물었다. 겨울이면 기나긴 추위가 이어지는 누벨프랑스 땅에 정착한 대다수는 젊은 남성이었고, 그곳에서 태어난 여자아이들은 열두 살만 되어도 결혼하는 일이 흔했다. 이런 상황을 파악한 프랑스 본국은 1650년대 말부터 "결혼할 여성들"을 누벨프랑스로 보내기 위한 준비를 했다. 뒤이어 '왕의 딸들'로 지칭되는 여성들의 대량 이주가 시작된 것은 1663년경이었다. 1663년부터 1673년 사이에 770여 명의 '왕의 딸들'이 누벨프랑스에 도착한다. 결혼을 하려면 지참금이 필요했던 당시 문화에서 고아나 가난한 집에서 태어난 여자들이 결혼을 하는 것은 쉽지 않았다. 일정한 나이가 되었는데도 결혼을 못하면 수녀원이나 수도원에 입회하여 속세를 등지고 살아야 했다. '왕의 딸들'은 국왕인 루이 14세가 지참금과 여행 경비를 지불해 주는 대신 신대륙에 가서 뿌리를 내리고 살 의무를 졌다. 17세기에 그곳으로 이주한 사람들의 8퍼센트를 차지하는 그녀들은 평균 24세로 대부분 고아나 과부였으며, 누벨프랑스에 도착하자마자 결혼하여 출산을 하는 경우가 많았다. 당시 지방장관이었던 장 탈롱(Jean Talon)은 콜베르 재상에게 "외국을 싫어하지 않고, 농사일에 필요한 건전한 정신과 건강한 육체를 지닌 여성들"을 선택할 것을 요청했다. 이주가 결정된 '왕의 딸들'은 누벨프랑스에 도착한 지 몇 주 혹은 길게는 몇 달 만에 결혼을 한 뒤, 개간해야 할 드넓은 땅과 숲이 있는 곳으로 남편과 함께 들어가서 정착하고 이내 임신해서 자녀를 낳아 살았다. 1664년에서 1702년 사이에 그녀들이 출산한 아이들의 수는 4,459명으로 누벨프랑스의 인구를 증가시키는 데 중요한 역할을 했다. 또한 현재 퀘벡인들의 80퍼센트가 '왕의 딸들'의 후예일 정도로, 이 여인들은 빼놓을 수 없는 퀘벡 역사의 주역들이다.

누벨프랑스의 첫 지방장관 장 탈롱

퀘벡에 도착하는 '왕의 딸들'

장 탈롱은 누벨프랑스에서 1665년부터 1668년, 1670년부터 1672년까지 모두 합해 5년여 동안 지방장관으로 일했다. 길지 않은 시간이었지만 그는 자신의 임무를 수행하는 데 노력을 아끼지 않았으며 비전을 제시할 줄 아는 드문 행정관이었다. 콜베르처럼 중상주의를 표방한 탈롱은 몇 년 새에 밀, 야채, 대마, 맥주보리 등의 농산물 생산량을 증가시켰으며, 모직물을 짜는 기술을 발전시키고, 신발을 생산해 내는 등 다양한 경제적 효과를 냈다. 한편으로 그는 본국에 대량 이주를 요청하기도 했다. 그러나 프랑스 내의 인구 감소를 우려한 콜베르의 반대에 부딪혀 탈롱의 노력은 실효를 거두지 못하게 된다.

1666년 군인들을 제외한 누벨프랑스의 인구는 겨우 4,200명을 넘기는 수준이었다. 군인들을 보유하고 '왕의 딸들'이 이주해 와도 상황을 반전시키기에는 역부족이었다. 캐나다 영국령에 비해 프랑스령의 인구 증가 추세가 현저하게 낮은 것을 우려한 탈롱은 출산 장려 정책을 펼쳤다. 그는 조혼과 대가족을 권장했다. 10명 이상의 자녀를 둔 가정에 보조금을 지원하는 동시에 남자는 20세, 여자는 16세 이전에 가정을 이룬 경우 우선적으로 보조금을 지원하기도 했다. 한 가정의 26번째 자녀에게는 무상 교육을 약속하기도 했다고 하니, 그 가능성은 희박했겠으나 오늘날 시행되고 있는 복지 정책이 350여 년 전에도 시행되었다는 점이 놀랍다.

'왕의 딸들'의 진실

'왕의 딸들'은 매춘부였다?

'왕의 딸들'이 매춘부였다는 낭설의 시발점은 17세기에 퀘벡을 여러 차례 여행한 후 1704년 여행기를 써서 많은 독자들을 확보했던 드 라옹탕(de Lahontan) 남작이 쓴 『드 라옹탕 기사의 아메리카 여행(Voyage du Chevalier de La Hontan dans l'Amérique)』이었다. 드 라옹탕의 책 속에 '왕의 딸들'을 언급한 부분은 다음과 같다. "우리는 그곳(누벨프랑스)에 어느 정도 정숙한 여자들을 여러 배에 가득 채워 보냈다. (…) 이 순결한 처녀들은 세 개의 다른 방에 집적되어 있었다. 남편 될 사람들은 푸줏간 주인이 양을 무리에서 고르는 방법으로 그들의 아내 될 사람을 선택했다." 왕의 딸들 역사 협회(Société d'histoire des Filles du Roy)의 회장인 이렌 벨로(Irène Belleau)의 주장에 따르면 "어느 정도 정숙한 여자들(filles de moyenne vertu)"이 시간이 지나면서 "방탕한 여자들(filles de mauvaise vie)"로 변형되어 전수됨으로써 '왕의 딸들'이 매춘부였다는 편견이 자리 잡게 되었다고 한다. '왕의 딸들'에 대한 연구에 천착하여 『17세기의 왕의 딸들(Les Filles du roi au XVIIᵉ siècle)』이라는 책을 출판한 역사학자 이브 랑드리(Yves Landry)는 "그녀들이 매춘부가 아니었다는 증거는 다산을 했다는 점"이라고 제시하기도 했다. 매춘부들의 출산 능력은 떨어질 수밖에 없고, 병에 걸려 있는 경우가 많았기 때문에 출산이 불가능한 경우가 비일비재했기 때문이다. 그러나 '왕의 딸들' 중에 매춘부가 전혀 없지는 않았다고 한다. 이렌 벨로는 퀘벡의 모계사회 계보를 연구하던 중 '왕의 딸들' 중 12명 정도의 매춘부를 발견했다고 밝혔다.

퀘벡의 프랑스어와 '왕의 딸들'

'왕의 딸들'이 살았던 17세기에는 프랑스에서도 몰리에르(Molière)의 언어인 프랑스어가 일반적으로 사용되는 언어가 아니었다. 그러나 '왕의 딸들'이 자신들이 뿌리를 내리기 시작한 누벨프랑스에서 프랑스어를 사용했던 이유를 역사학자인 이브 랑드리는 다음과 같이 설명한다. "19세기까지도 프랑스 시골에서는 사투리를 사용했지만, 퀘벡에서는 17세기부터 프랑스어가 보편화되었다. '왕의 딸들'의 반 이상이 프랑스어를 사용하는 파리나 파리 지역 출신이었기 때문이다." 파리 지역 이외에서 온 '왕의 딸들'도 85퍼센트가 프랑스어를 구사하였기에 프랑스어는 자연스럽게 퀘벡의 일상어가 되었다.

[이가야]

'왕의 딸들'이 등장하는 문학 작품

Anne Hébert, *Le premier jardin*, roman, Seuil, Paris, 1988.

Suzanne Martel, Jeanne, *Fille du Roy*, roman, Fides, Québec, 1974.

Nicole Macé, Marie Carduner, *Fille du Roy*, roman, L'Hexagone, Québec, 1997.

Colette Piat, *Les Filles du Roi*, roman, Editions du Rocher, Monaco, 1998.

_____, *Les Filles du Roi, Dans les Plaines d'Abraham*, roman, Edition du Rocher, Québec, 1999.

Roger Morissette, *L'Odyssée de la Moricet*, roman, Septentrion, Québec, 2005.

Lyne Laverdière, *Une histoire d'elles, Filles du Roy*, roman historique, Edition d'Art Le Sabord, Québec, 2005.

Isabelle Major, *La dame blanche*, roman, VLB Editeur, Montréal, 2010.

Madeleine Rinfret-Lucas, *La sage-femme de Poitiers*, roman, Libre Expression, Québec, 2000.

왕의 딸들 역사 협회

www.lesfillesduroy-quebec.org

3. 자크 고드부의 〈아메리카의 운명〉과 아브라함 평원 전투

아메리카의 운명을 바꾼 사건, 아브라함 평원 전투

제임스 울프의 이미지는 두 위대한 국가에서 영웅의 초상이 되었다. 영국과 캐나다. 울프 군대의 승리가 북아메리카 전체의 역사적 흐름을 바꾸었다.

L'image de (James) Wolfe est deveune le portrait d'un héros pour deux grands pays. L'Angleterre et le Canada. Sa victoire militaire changea le cours de l'histoire de toute l'Amérique du Nord.

자크 고드부(Jacques Godbout)의 영화 〈아메리카의 운명(Le Sort de l'Amérique)〉에서 한 어린아이가 길거리 계단에 앉아 영어로 역사책을 읽는 장면의 대사이다. 화면에는 프랑스어 자막이 제시되었다. 1996년에 개봉한 이 다큐멘터리 영화는 1759년 퀘벡에서 벌어진 아브라함 평원 전투라는 역사적 사건을 재조명하기 위해 역사와 상상력을 뒤섞어 전개한다. 고드부의 내레이션으로 시작되는 영화는 중년의 소설가 르네 다니엘 뒤부아(René-Daniel Dubois)를 소개한다. 영화의 첫 장면에는 성당에서 노래를 흥얼거리는 뒤부아와 퀘벡 시의 모습, 그리고 영국의 국기가 휘날리는 컷 등이 배치되어 있다. 이를 통해 영국이 퀘벡 시를 점령한 것을 자연스럽게 제시하고 있는 듯하다. 이어서 고드부와 만난 뒤부아는 자신이 아브라함 평원 전투에 대한 시나리오를 허구적 내용을 가미해서 쓸 것이라고 이야기하고, 그들은 역사적 사건에 다가가는 여정을 필름에 담기 시작한다.

그들은 먼저 런던으로 가서 아브라함 평원 전투를 승리로 이끈 울프(James Wolf) 장군의 후손을 찾아간다. BBC의 기자인 앤드루 울프를 소개하면서, 조상인 울프 장군처럼 그 역시 중도좌파 성향을 띠고 있다고 전한다. 이어서 기자로서 앤드루 울프가 울프 장군이 아브라함 전투에서 전사하는 장면을 상상하여 보도하게끔 하고, 한편으로 그 역사적 사건에 대해 자신의 의견을 피력하게 한다. 그는 오늘날의 사유로는 제국주의 역사를 판단할 수 없다고 언급하면서, 제국주의가 잘못된 것이긴 했으나 그 시대 사람들을 현대인의 기준으로 바라봐서는 안 된다고 말한다. 시나리오를 준비하고 있는 뒤부아는 영국과 프랑스가 제국주의 정책으로 격돌했던 7년 전쟁(1756~1763)이 캐나다와 미국을 포함하는 북미 전쟁에서도 이어졌다고 소개한

다. 그는 영국 내 곳곳에 세워진 제임스 울프 장군 동상이 그가 북미 대륙을 식민화하는 데 혁혁한 공을 세운 인물임을 가감 없이 보여 주고 있다고 부연한다.

뒤부아는 곧 프랑스에 가서 몽칼름(Louis-Joseph de Montcalm) 장군의 후손을 만난다. 아브라함 평원 전투에서 프랑스가 패했을 때 군대를 지휘하던 몽칼름 역시 그곳에서 전사했다. 뒤부아가 만난 조르주 사바랭 드 마레스탕(Georges Savarin de Marestan)은 군인이었는데, 조상의 낡은 성이 있는 프랑스 남동부 지역의 알프스 산맥에 위치한 생베랑에서 성벽을 하나하나 재건하는 작업을 하고 있다. 몽칼름 장군은 1756년 신대륙으로 떠나기 전 일주일을 이 성에서 지냈다고 한다. 뒤부아는 이 작은 마을의 카페에 있는 마을 사람들에게 몽칼름 후작을 아느냐고 물어보지만, 그를 아는 사람은 아무도 없다.

퀘벡으로 돌아온 뒤부아와 고드부는 퀘벡 교육부에서는 이 사건에 대해 어떤 프로그램을 가지고 있는지 알아본다. 교육부 내의 여러

영화 〈아메리카의 운명〉의 포스터

부서를 찾아 헤맨 끝에 도착한 곳은 사무실 집기도 하나 없는 빈 공간이었다. 그곳은 고층에 있어서 지금은 공원으로 조성된 아브라함 평원을 조망할 수 있다. 그들은 결국 또 다른 인물인 20대 청년 필리프 팔라르도(Philippe Falardeau)가 찾아낸 아브라함 평원 전투와 관련된 흑백영화 〈울프와 몽칼름(Wolfe and Montcalm)〉을 보게 된다. 이 영화는 1957년 캐나다 국립 영화 위원회가 제작한 것으로, 프랑스어 자막이 없는 영어권 영화이다. 영국의 입장에서 만든 영화이기 때문에 프랑스의 패전이 당연할 수밖에 없었다는 관점을 보여 준다. 그 중에서 고드부는 본국에서 파견된 몽칼름 장군과 당시 누벨프랑스 총독이었던 보드뢰유(Vaudreuil)가 서로를 신뢰하지 않았다는 점을 지적하는 〈울프와 몽칼름〉의 장면을 〈아메리카의 운명〉을 통해 다시 제시한다. 한편 고드부는 자신의 아버지가 영어권에 속한 사람이었음에도 영국인들이 처음 퀘벡에 들어왔을 때 기존에 있던 모든 것을 불태워 버렸다는 사실을 잊어서는 안 된다고 아들인 자신에게 되뇌었음을 고백한다. 아브라함 평원 전투를 계기로 캐나다는 영국에 속하게 되었지만, 그 안에서 프랑스어권으로 남아 있던 퀘벡인들이 지녀야 할 고유의 정체성에 대해 언급한 것으로 이해할 수 있는 부분이다. 퀘벡인 고유의 시각으로 역사적 사건을 바라보기를 희망하는 고드부는 이렇듯 여러 측면에서 아브라함 평원 전투에 대해 살펴보게끔 이끈다.

이제 더 객관적으로 당시 전투의 전술과 전략에 대해 자세하게 알아보기 위해 고드부는 실제 퀘벡 장교의 설명을 듣는다. 뒤부아는 퀘벡 장교의 설명 중간중간에 끼어들어 포춘 쿠키를 쪼개서 나오는 내용인 것처럼『손자병법(L'art de la guerre)』에 나오는 문장들을 읽어주기도 하도, 팔라르도와 역사를 재현하는 방식에 대해 논쟁하기도 한다. 팔라르도는 뒤부아의 이야기가 너무 허구에 치중해 있다고 비판하면서 역사의 진실, 즉 사건에 대한 '유일한' 답을 발견해야 한다고 주장한다.

뒤부아는 계속해서 실패한 전투에는 언제나 배신자가 있게 마련이라고 가정하고 도서관에 가서 당시 아브라함 평원 전투와 관계된 누벨프랑스의 총독 보드뢰유, 철학자 볼테르(Voltaire), 평원을 감시하던 베르고르(Vergord) 대위, 재정 문제로 전쟁의 불필요함을 내세웠던 퀘벡의 부르주아들, 누벨프랑스의 지방장관 비고(Bigot), 당시 프랑스 왕이었던 루이 15세 등 프랑스 측 인물들에 관한 서적을 찾아본다. 뒤부아는 직접 18세기의 가발을 쓰고 루이 15세와 볼테르로 1인 2역을 하면서 마차를 타고 누벨프랑스에 대해 대화하는 장면을 연기하기도 한다.

고드부는 또한『1759: 캐나다를 위한 전투(1759: The Battle for Canada)』를 집필한 역사학자이자 유명한 정치가인 라피에르(Laurier L. La Pierre)를 인터뷰함으로써 아브라함 평원 전투에 대한 작가의 의견을 제시한다. 그는 아브라함 전투에서 패배한 것은 프랑스이지 당시 누벨프랑스의 민병대, 즉 캐나다가 아니었음을 강조한다. 몽칼름 장군이 민병대의 의견을 무시한 결과 전투에서 패배할 수밖에 없었음을 설파하고 있는 것이다. 라피에르는 캐나다인들에겐 아브라함 평원 위에 프랑스인과 영국인이라는 두 적군이 존재했다고 단언하기까지 한다. 아브라함 평원 전투를 이야기하면서도 당시 존재하지 않았던 캐나다를 내세우는 라피에르는 이 전투가 누벨프랑스가 아닌 캐나다라는 새로운 국가를 탄생시켰으므로 책의 부제를 '캐나다를 위한 전투'로 붙인 것으로 보인다. 그렇다면 아브라함 평원 전투의 승자와 패자는 누구일까? 영화는 이 부분도 놓치지 않고 그림을 통해 설명해 준다.

아브라함 평원 전투의 승자와 패자

〈아메리카의 운명〉에서 아브라함 평원 전투에 관한 시나리오를 쓰면서 역사적 사건에 대해 조사하던 뒤부아는 마지막으로 고드부와 팔라르도를 미술관으로 데리고 간다. 그리고 〈울프 장군의 죽음〉이라는 그림 앞에 서서 이 전투의 승자와 패자에 관해 이야기한다. 전쟁의 승자가 된 울프 장군 중심으로 그려진 이 그림은 승자인 영국인들을 중심으로 왼쪽 뒤에 어찌할 바를 모르는 군중으로 표현된 패자 프랑스인들, 울프 주변에서 안타까워하는 표정을 짓는 미래의 승자 미국인들, 땅바닥에 주저앉아 울프의 죽음을 바라보는 이미 패자가 되어 있던 아메리카 인디언을 묘사하고 있다. 그런데 여기에 캐나다인들은 없다. 뒤부아는 캐나다의 역사에서 가장 중요한 날로 여겨지는 이날, 그 역사의 현장에서 캐나다인들이 소외되었음을 역설한다. 그래서 그는 이날을 자신들, 즉 캐나다인들이 정복된 날이라고 선언

〈울프 장군의 죽음〉, 벤저민 웨스트, 1770

한다. 자신들은 승자와 패자와는 완전히 다른 개념으로 받아들여야

하는 정복된 사람들이라는 것이다. 승리와 패배는 인생에서 끊임없

이 반복될 수 있는 일이다. 그러나 한번 정복된 경우에는 되돌려 놓

기가 어렵다. 전투에서는 질 수도 있고 이길 수도 있지만, 전쟁을 통

해 정복이 된 후에는 정복자로부터 벗어나기 위해 오랜 기간을 투쟁

해야 한다. 뒤부아가 다른 개념이라고 표현한 것은 이런 의미에서일

것이다. 그래서 이 그림 속에는 누벨프랑스의 민병대들이 전투 속에

서 죽은 유령으로만 존재한다. 보이지 않는 존재들인 것이다. 뒤부아

는 이후 캐나다인들이 될 유령들만이 존재한다고 강조한다. 뒤부아

가 결국 자신의 시나리오를 완성한 후 그 제목을 〈평원의 유령들(Les

fantômes des Plaines)〉이라고 붙인 이유를 여기에서 찾을 수 있다.

〈아메리카의 운명〉과 역사, 그리고 허구

대립하는 두 인물 뒤부아와 팔라르도가 역사를 대하는 태도를 통해, 자크 고드부는 역사가 지나간 시간에 대한 답을 찾는 것이 아니라 과거에 진짜로 있었던 사건과 (허구적) 이야기가 뒤섞인 복합적인 질문들임을 보여 준다. 그는 역사적 사건을 통해 어떤 것이 좋고 나쁘냐를 판단하는 것을 지양하고 다양한 시각에서 사건을 바라보려는 노력을 기울이게 함으로써, 퀘벡인들이 자신의 정체성에 대해 숙고할 수 있는 기회를 부여하고자 한다.

특히 뒤부아가 영화 중반부에 찾아내는 1759년 당시의 포탄, 그리고 그가 들고 다니는 몽칼름의 해골은 역사를 대하는 고드부의 시각이 무엇인지를 직접적으로 드러내는 도구 역할을 한다. 뒤부아의 행적을 통해 허구 내지는 환상 속에서 벌어지는 장면들이 영화의 곳곳에 삽입되는데, 그중에서 뒤부아가 아브라함 전투가 벌어졌던 곳 근처를 헤매다가 한 외과의사의 정원 땅속에서 여러 개의 포탄을 파내는 장면이 있다. 포탄 감지기를 들고 돌아다니다가 350년 전에 매몰된 포탄을 찾아 끄집어내는 것은 실제로 큰 개연성이 없어 보이지만, 고드부는 이런 행동을 하는 뒤부아를 화면으로 보여 준다. 곧이어 고드부는 프랑스에 사는 몽칼름의 후손으로부터 몽칼름의 해골이 200여 년 전부터 퀘벡의 위르쉴린 박물관에 보관되어 있다는 정보를 입수한 후 박물관에서 영화를 찍으려고 했으나 거부당하여 다른 방법을 사용하게 되었다고 고백한다. 팔라르도가 몰래 숨어 들어가서 그 해골을 훔쳐 나와 도망가는 것이 그들의 색다른 방법이었다. 이후 영화 속에서 뒤부아는 훔친 해골을 신줏단지처럼 모시며 들고 다닌다.

정원 속에 묻혀 있는 포탄과 몽칼름의 해골은 현재에도 존재하는 과거의 상징물이다. 포탄과 해골은 아주 오랜 시간 그대로 존재해 왔지만, 포탄은 현실 속에서 그 쓰임새를 잃어버렸고 해골 역시 몽칼름 장군이라는 인물이나 그가 겪었던 사건 자체를 보여 줄 수는 없다. 역사의 파편적 잔재로 남아 있는 포탄과 해골을 가지고 거기에 상상력이라는 살을 붙일 수밖에 없는 상황인 것이다. 시네아스트 고드부는 다음과 같이 상상력의 힘을 설명한다. "나는 신화화하기도 한다. 즉, 나는 퀘벡인들에게 그들이 가진 증거와 그들의 인생과 그들이 겪은 일들에 의미를 부여할 수 있는 상상력을 전해 주기 위해 노력한다. (…) 우리는 고유한 상상의 투영을 할 권리를 가지고 있다고 생각한다." 그렇기 때문에 고드부는 하나의 사건에 대한 정답은 있을 수 없으며, 오히려 하나의 사건에 대한 여러 질문들만 생겨나는 것이 역사라고 간주한다. 영화의 끄트머리에 뒤부아가 아브라함 평원 전투에 관한 시나리오를 완성한 후 그것을 할리우드의 제작사에 팔기 위해 떠나기 전 공항에서 팔라르도에게 해골을 건네주며 자신의 영화 제목을 밝히는 장면은 고드부가 역사를 바라보는 시각을 잘 보여 주는 듯하다. 뒤부아는 자신만의 아브라함 평원 전투 역사를 완성하였으니 이제 팔라르도가 자신의 역사를 찾아야 할 때임을 보여 줌으로

써, 하나의 역사적 사건에 대한 다양한 상상적 해석의 가능성을 열어
놓은 것으로 이해할 수 있기 때문이다.

아브라함 평원 전투의 역사적 중요성

7년 전쟁과 북아메리카에서 영국과 프랑스의 대결

윈스턴 처칠이 "18세기의 세계 대전"이라고 일컬었던 7년 전쟁
(1756~1763)은 유럽만이 아니라 남북 아메리카와 카리브해, 인도와
아프리카 등지에서까지 벌어졌다는 점에서 주목할 만하다. 독일을
주 무대로 영국과 프로이센이 연합하고 프랑스-오스트리아-러시아-
스페인이 동맹을 맺어 유럽 전쟁이 벌어지던 중 영국, 프랑스, 스페
인이 비슷한 시기에 해외 식민지 쟁탈전을 벌이면서 전 세계에서 전
투가 벌어졌다. 유럽의 여러 나라가 동참한 7년 전쟁은 중세식 전쟁
에서 국민국가 시대의 근대 전쟁으로의 이행 과정에서 일어났기 때
문에 역사적으로 중요한 의미를 지닌다.

유럽의 7년 전쟁은 영국과 동맹을 맺은 프로이센이 오스트리아 영
토인 슐레지엔(독일 동부 지역)을 영유권으로 인정받길 원하고 영국
은 하노버(독일 북부)를 지키고자 하여 시작되었다. 프랑스는 17세
기부터 신대륙에서 이어져 온 영국과의 반목에 종지부를 찍을 수 있
었기에 오스트리아-러시아와 손을 잡았다. 사실 프랑스는 영국과 17
세기 말부터 아메리카 식민지 주도권을 두고 대립해 오다 1754년에
는 전쟁에 돌입해 있었다. 프렌치 인디언 전쟁이라고도 하는 이 전쟁

은 프랑스가 식민지였던 오하이오 계곡의 뒤켄에 요새를 건축하자 버지니아에 살던 미국인들이 당시 청년 장교였던 조지 워싱턴 (George Washington, 후일의 미국 초대 대통령)을 대표로 120여 명의 버지니아 민병대를 보내고 프랑스 장교 쥐몽빌(Jumonville)이 30여 명의 군인을 모으면서 시작되었다. 쥐몽빌은 버지니아인들을 만나서 "왕의 영토"에서 떠나라고 경고만 했다. 그러던 중 버지니아인들과 동맹을 맺은 아메리카 인디언들이 쥐몽빌을 도끼로 찍어 살해하는 일이 벌어진다. 그러자 캐나다 민병대 500명과 프랑스 측과 연합한 아메리카 인디언들이 뒤켄에 도착해서 버지니아인들을 몰아내고 그들이 세운 니세서티 요새를 파괴함으로써 사태는 일단락된다. 그리하여 프랑스인들은 북아메리카 대륙에서 피로 물든 전쟁이 벌어지기 시작했음을 인식했고, 영국-미국인들은 점점 더 다가오는 프랑스의 위협이 전쟁으로 이어질 것을 대비하게 되었다. 이런 맥락에서 7년 전쟁을 9년 전쟁이라고 명명하기도 한다.

1756년 5월 18일에 영국이 프로이센과 손을 잡고 선전포고를 하자, 유럽에서 7년 전쟁이 시작된다. 영국은 프로이센과의 동맹으로 영국의 유럽 영토를 프로이센이 지켜 주는 협정을 맺었으므로, 오히려 유럽 바깥의 식민지와 해상에 병력을 집중시킬 수 있었다. 반면 오스트리아와 연합한 프랑스는 유럽 대륙에서 프로이센의 침략을 함께 막아야 하는 부담을 안게 되어 상대적으로 북아메리카의 누벨프랑스에 병력을 증강시킬 여력이 없었다.

프랑스의 드 몽칼름 장군 VS 영국의 제임스 울프 장군

몽칼름 장군은 44세였던 1756년에 프랑스 왕실의 신임을 받고 누벨프랑스에 파견된다. 그와 함께 파견된 레비(Lévis) 총사령관도 매우 용감하고 전술이 뛰어난 군인이었으며, 부관인 루이 앙투안 드 부갱빌(Louis-Antoine de Bougainville) 역시 지리적 학식이 뛰어난 사람이었다. 몽칼름의 군대는 프랑스에서 온 8,500명의 정규군, 해군 지역 군인들, 1만 5천 명의 캐나다 민병대로 구성되어 있었다. 그러나 몽칼름은 누벨프랑스를 돕는 아메리카 인디언 세력에 대해서는 어떻게 해야 할지 알지 못했으며, 캐나다 민병대 전사들과 아메리카 인디언들이 펼치는 전술에 대해 알려고 노력하지 않았다. 그러나 누벨프랑스 총독으로서 지역 전체의 방어를 소관하고 있던 보드뢰유는 몽칼름과 의견을 같이하지 않았다. 캐나다에서 태어난 보드뢰유는 오랫동안 겪어 온 캐나다 민병대와 아메리카 인디언 군사들의 전투 방식을 존중했기 때문이다. 아무튼 몽칼름은 아브라함 평원 전투가 벌어지기 전까지 누벨프랑스에서 혁혁한 공로를 세웠다. 1757년에는 영국이 세운 윌리엄 헨리 요새를 공격해서 승리했으며, 1758년에는 프랑스 측 요새였던 카리용을 침략한 영국군과 미국 민병대 만 5천 명을 3,500명의 병력으로 물리치기도 했다.

한편 영국은 생로랑 강으로 전진해서 퀘벡에 진격하려는 노력을 기울였다. 1758년 6월 8일, 영국군은 프랑스에서 세운 루이스버그 도시 성채를 차지하기 위해 전투함 24척, 군함 18척과 함께 1만 6천 명의 병사를 투입했다. 요새를 에워싼 영국군에 비해 요새 안에 포위된 사람들의 수는 전투를 벌이기에 턱없이 부족했고, 지원군도 없이 버티던 누벨프랑스인들은 결국 7월 26일에 항복한다. 이 전투에서 눈에 띄는 행적을 보인 장군이 바로 제임스 울프였고, 이후 그는 퀘벡 함락을 위해 지휘권을 잡게 된다. 울프 장군이 앞장선 영국군은 남쪽과 북동쪽을 통해 누벨프랑스를 공격해서 정복하기로 결정했고, 프랑스-캐나디인들 역시 그런 전략을 눈치채고 병력 대부분을 퀘벡 시로 이동시킨다.

바야흐로 몽칼름과 울프가 마주치는 시간이 다가오고 있었다. 영국은 퀘벡 시를 점령하기 위해 4만 명의 병력을 집결시켰고, 울프 장군은 "캐나다의 기생충(프랑스 및 누벨프랑스)이 초토화되어 약탈당하는 것을 볼 것이 기대된다"고 호언장담하는 편지를 쓰기도 했다. 1759년 6월 말, 울프 장군의 군대는 생로랑 강을 통해 드디어 퀘벡 앞에 당도한다. 그러나 높디높은 곳으로 요새화되어 있는 누벨프랑스의 수도에 다가가기에는 몽칼름의 군대와 누벨프랑스 민병대들의 저항이 너무 거셌다. 울프가 "15살 소년부터 70살 노인까지 자기 땅을 지키기 위해 보초를 섰고, 조금이라도 가까이 가면 총을 난사했다"고 개탄했을 정도로 민병대의 저항은 필사적이었다.

누벨프랑스의 저항으로 울프 장군은 병력을 생로랑 강 남쪽 기슭에 진을 치게 하고 7월 한 달 동안 1만 3천 개의 폭탄을 퀘벡을 향해 쏘아 댔다. 당시에는 인명 살상을 위해서가 아니라 정신적 고통을 주기 위해 폭탄을 투하했기 때문에 많은 집과 건물, 성당이 불탔다. 울

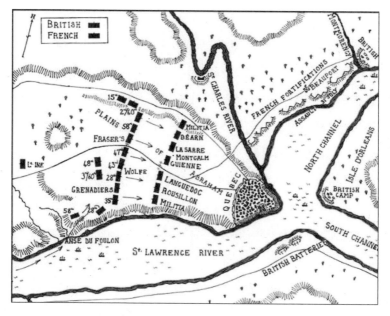

1759년 9월 13일, 아브라함 평원 전투

프는 7월 31일에 병력과 군함을 더 동쪽으로 옮겨 퀘벡 상륙을 시도
했으나, 프랑스 측 총사령관 레비의 발 빠른 대응으로 실패한다. 며
칠 후에는 퀘벡 시 서쪽의 작은 마을인 뇌빌로 상륙을 감행하지만
몽칼름의 부관이었던 부갱빌 군대의 방어선을 뚫지 못한다. 영국군
은 8월 내내 퀘벡 시 접경 지역에 있는 여러 마을들을 불태우고 수많
은 주민들을 살육하는 잔혹한 공격을 감행한다.

퀘벡을 잘 지켜 낸 몽칼름 장군 측에서는 8월이 지나자 어서 겨울
이 도래하여 영국군들이 철수하기를 고대한다. 그러나 32세의 젊은
장군 울프는 포기하지 않고, 매우 이례적인 장소를 통해 누벨프랑스

에 상륙할 것을 결정한다. 그는 퀘벡 시 남서쪽에 있던 풀롱이라는 작은 만을 통해 누벨프랑스의 수도에 발을 디디기로 한다. 그곳은 밤낮으로 프랑스 보초가 감시하고 있었고, 상륙하면 무기와 군 장비를 맨 채로 50미터나 되는 성벽을 기어올라야 하는 곳이었다. 울프는 적군을 놀라게 하려는 전술을 선택했지만, 참모들은 자살 행위라고 반박하면서 울프의 계획을 저지시키려고 했다. 그러나 울프의 결정은 변함이 없었고, 9월 13일 새벽 울프의 5천 명 병력은 성벽을 기어오르기 시작하여 퀘벡 시의 서쪽에 위치한 아브라함 평원으로 올라왔다. 보고를 받은 몽칼름 장군은 오전 10시에 공격 명령을 내렸다. 아브라함 평원에는 백여 명의 병력만 방어선을 지키고 있었던 터라, 긴급하게 3,500명의 병력을 소집한 채 무모한 전투를 시작한 몽칼름 군대는 15분 만에 어이없이 아브라함 평원을 적에게 넘겨주었다. 그 짧은 시간 동안 양측의 장군 몽칼름과 울프는 모두 전사했다. 그날 밤 프랑스군은 겨울이 되기 전에 재탈환할 계획을 세우며 퀘벡을 떠났지만, 9월 18일에 프랑스는 공식적으로 퀘벡을 영국에 넘겨주었고 영국 국기인 유니언잭이 휘날리기 시작한다.

누벨프랑스의 패전 원인

몽칼름: 당신은 내가 결코 포기하지 않을 이 가엾은 나라를 배신했소.

보드뢰유: 내 나라를 배신했다고요! 내가 언제나 사랑한 내 나라를요! 당신을 용서할 수 없군요.

Montcalm: Vous avez trahi ce pauvre pays que jamais je

n'abandonnerai.

Vaudreuil: Trahir mon pays! moi qui l'ai toujours aimé! Vous
etes impardonnable.

이 대화는 〈아메리카의 운명〉에서 보여 준 영화 속 영화 〈울프와
몽칼름〉의 한 장면으로, 본국에서 파견된 장군인 몽칼름과 당시 누
벨프랑스의 총독이었던 보드뢰유가 대립하는 모습을 재현한다. 영
화 속의 짧은 대화를 통해서도 짐작할 수 있듯이, 프랑스 정규군을
보유한 몽칼름과 누벨프랑스의 민병대 중심으로 조국을 지키던 보드
뢰유는 좁힐 수 없는 의견차를 지니고 있었다. 캐나다 태생의 보드뢰
이는 그들의 주력 부대는 민병대와 그들과 동맹을 맺은 인디언 민병
대라고 여겼기 때문에, 몽칼름에게 영국과의 전투에서 지금까지 자
신들이 성공해 왔던 게릴라전을 해야 승산이 있다고 주장했다. 반면
몽칼름은 프랑스 장군답게 비정규전을 높이 평가하지 않았기 때문
에, 전쟁은 유럽에서 자신이 큰 공로를 세웠던 것처럼 정규전이어야
함을 강조했다. 이처럼 프랑스 측 군대의 대표인 몽칼름과 보드뢰유
가 한목소리를 내지 못한 것이 누벨프랑스가 영국에 점령당할 수밖
에 없었던 원인 중 하나로 꼽힌다.

두 번째 원인은 몽칼름 장군의 전략적 실패를 꼽는다. 영국군이
생로랑 강에 진을 치고 첫 번째로 상륙을 시도하기까지 약 한 달이
걸렸다. 그동안 몽칼름은 선제공격을 할 수도 있었는데, 공격해 올
것으로 예상되는 위치인 도시 아래쪽의 보포르에 방어선만 치고 가

만히 기다리고만 있었다는 것이다. 또한 9월 13일 아브라함 평원으로 영국군이 기어올라왔을 때 너무 성급하게 공격 명령을 내린 것이 몽칼름의 착오라고 지적한다. 많은 역사가들은 이미 총사령관 레비와 부관 부갱빌에게 원군을 보낼 것을 지시한 상황에서 지연작전을 쓰면서 전면 공격이 아니라 배후 공격을 했다면 어이없는 패배를 하지는 않았을 것이라고 비판한다. 또한 몽칼름이 누벨프랑스의 민병대를 정규군과 통합시키지 않고 그들의 장점을 살려서 전투에 투입하지 않았기 때문에 정확하게 조준해서 총탄을 퍼붓는 영국군들에게 대적할 수 없었다는 비난도 더해진다. [이가야]

영화 정보

감독 : 자크 고드부 / 장르 : 허구 다큐멘터리 / 러닝타임 : 1시간 30분 / 개봉 : 1996년

참고문헌

이봉지, 「『파피노 머리들』의 괴물들과 퀘벡인의 정체성」, 『한국프랑스학논집』 제88집, 2014.

이지순, 「자크 고드부의 『안녕 갈라르노!』에 나타난 퀘벡성과 퀘벡인의 정체성 추구」, 『프랑스문화예술연구』 제21집, 2007.

퀘벡학연구모임, 『키워드로 풀어보는 퀘벡 이야기』, 아모르문디, 2014.

Jocelyn Létourneau, *Passer à l'avenir. Histoire, mémoire, identité dans le*

Québec d'aujourd'hui, Edition du Boréal, 2000.

Christian Poirier, *Le cinéma québécois: A la recherche d'une identité*, Presses de l'Université du Québec, 2004.

Donald Smith, *Jacques Godbout: du roman au cinéma*, Editions Québéc/Amérique, 1995.

4. 롱펠로의 시 〈에방젤린〉에 나타난 아카디아인의 강제 이주와 비극적 사랑

롱펠로의 〈에방젤린〉과 아카디아의 전설

그가, 그 남자가 거기 있었습니다, 움직임도 없고 말도 없이.

그의 시선은 조금 전에 사람들이 침대 곁 벽에 걸어 놓은 십자가에 고정되어 있었습니다.

열 때문에 그의 입 주위가 불그스레했습니다.

마치, 히브리인들이 그러듯, 삶이 그의 문간에 피로 자비의 표시를 한 것 같았습니다. 죽음의 천사가 칼날을 아직 사용하지 못하게 말이죠.

그의 생각은 꿈속을 헤매고 있을지도 모릅니다.

그는 여전히 꼼짝도 안 하고 말도 없었습니다.

기도라도 하듯 입술만 움직이고 있었습니다.

그의 눈에 죽음의 구름이 보였습니다.

그의 정신은 짙은 어둠 속으로 빠져들고 있었습니다.

최후의 어둠, 죽음의 어둠입니다.

에방젤린의 울부짖음에 그가 정신을 차리고, 죄어드는 어둠에서
빠져나와 삶을 되찾습니다.

곧, 고요함 속에서 반가운 목소리가 그의 귀를 울립니다.

그 목소리는 마치 천상의 메아리처럼 부드럽게 그를 부릅니다.

"가브리엘! 가브리엘!

내 사랑,

우리를 다시 만나게 해 주신 하나님, 감사합니다."

Il était là, cet homme, immobile et sans voix,

Le regard attaché sur la petite croix

Qu'on venait de suspendre au mur, près de sa couche.

La fièvre, d'un trait rouge, avait marqué sa bouche.

On eut dit que la vie, à l'instar des Hébreux,

Avait mis sur sa porte un sang tout généreux,

Pour que 'ange de mort retînt encor son glaive.

Peut-être ses pensées se perdaient dans un rêve.

Il demeurait toujours immobile et muet,

Ou seule, pour prier, sa lèvre remuait.

On voyait sur ses yeux des nuages funèbres ;

Ses esprits se noyaient en de lourdes ténèbres,

Ténèbres d''agonie et ténèbres de mort.

Au cri d'Évangéline il se réveille, il sort

De l'ombre qui l'étreint et ressaisit la vie.

Dans le calme, aussitôt, son oreille ravie

Entendit une voix, comme un écho du ciel,

Qui lui dit tendrement :

"Gabriel! Gabriel!"

"Bénis, mon bien-aimé, le ciel qui nous rassemble!"

(롱펠로의 〈에방젤린〉 중에서)

죽음을 기다리는 노인이 호스피스 병상에 누워 있다. 그를 본 여자의 눈에 환희와 슬픔이 교차한다. 수십 년간 인생을 걸고 찾아 헤맨 남자를 다시 만났다는 기쁨도 잠시, 그 재회가 마지막 순간이기에 슬픔으로 벅찬 감정을 추스르며 여자는 남자의 이름을 불러 본다. "가브리엘! 가브리엘!" 남자는 여자의 부름에 의식을 되찾으려 하나 아무 말도 하지 못한다. 그리고 여자의 품에 안겨 마침내 세상을 떠난다.

여자의 이름은 에방젤린 벨퐁텐이다. 가브리엘 라죄네스는 열일곱 살에 헤어진 그녀의 약혼자다. 아무 근심 없이 마을 사람들의 자랑거리로 살던 고향, 아카디아의 평화로운 마을 그랑프레에서 어느 날 들이닥친 영국군에게 집과 토지를 빼앗기고 강제로 배에 태워진

롱펠로의 시집 『에방젤린』의 표지

채 시작된 방랑의 세월 끝자락에 마침내 만난 약혼자다. 온 삶을 바쳐 찾아 헤매었으나 그들의 해후는 짧다. 따뜻한 말 한마디도 주고받지 못한다. 할 수 있는 것이라곤 그저 그의 임종을 지키는 것뿐이다. 마지막 순간이라도 같이할 수 있음을 감사하면서…. 희생은 크나 보상은 보잘것없다. 그 보상조차도 감사히 여기는 에방젤린의 마음씨가 더없이 순수하고 아름답다.

에방젤린과 가브리엘의 이 비극적 사랑 이야기는 미국 시인 헨리 워즈워스 롱펠로(Henry Wadsworth Longfellow)에 의해 1,400행의 장편 운문으로 1847년 세상에 알려진다. 시의 원제는 〈에방젤린, 아카디아의 이야기(Evangeline, A Tale of Acadie)〉이며, 제목이 의미하듯 이 이야기는 아카디아에서 구전되던 전설을 소재로 한다. 시는 2개의 부로 구성되어 있으며, 프롤로그와 에필로그가 부가되어 있다. 1부는 노바스코샤의 그랑프레 마을의 평화롭고 목가적 풍경 속에서 에방젤린과 가브리엘의 소개로 시작된다. 열일곱 살의 에방젤린은 홀로 된 아버지와 함께 사는 아름다운 처녀이다. 그녀의 아버지는 그랑프레의 번영을 상징할 정도로 부유하면서도 존경받는 인물이며, 그녀는 그랑프레의 자랑거리다. 그녀에게는 어린 시절부터 친구로 지내 온 약혼자가 있다. 같은 마을 대장장이의 아들 가브리엘이다. 일요일 아침 두 사람의 결혼식을 위해 공증인과 신부가 참석한 가운데 그랑프레 주민들이 축연을 벌인다. 그러나 영국 군인들이 들이닥쳐 마을 남자들을 성당에 몰아넣고는 그들의 모든 재산이 몰수되었으며 고향을 떠나야 한다는 포고령을 읽는다. 그랑프레의 주민들은 강제로 배에 태워져 뿔뿔이 흩어지며, 군인들은 온 마을을 불에 태운다. 에방젤린도 가브리엘의 가족과 헤어지며, 절망한 아버지는 배를 기다리는 해변에서 세상을 떠난다. 시의 2부는 그로부터 많은 세월이 흐른 뒤, 방황하는 에방젤린과 마을 신부의 모습을 그린다. 그녀는 가브리엘을 보았다는 사람들의 소문을 뒤쫓는다. 하지만 가브리엘은 늘 그 자리를 떠난 뒤였다. 가브리엘의 아버지는 만나지만 운명은 약혼자와의 만남을 허락하지 않는다. 결국 그녀는 가브리엘을 만나겠다는 희망을 포기하고, 우연히 들른 필라델피아의 호스피스에서 죽어 가는 사람들을 보살피면서 여생을 보내기로 결심한다. 페스트로 인해 병상에서 매일 주검이 나가고 죽음을 앞둔 새 병자들이 빈자리를 채우던 어느 일요일, 그녀의 눈에 죽음을 기다리는 한 남루한 노인의 모습이 들어온다. 바로 가브리엘이었다. 앞에 인용한 부분은 에방젤린이 가브리엘을 만나는 그 순간이다. 평생을 기다린 그들의 만남은 죽음의 순간에 완성된다. 가브리엘이 죽고 그 뒤를 따른 에방젤린은 약혼자와 함께 이름 없는 묘지에 나란히 누워 있다.

하버드 대학 현대어 교수로 재직하며 시집 『밤의 목소리들』(1839)로 시인으로서의 명성을 날리기 시작한 롱펠로는 1840년과 1841년 사이의 겨울 어느 디너파티에서 이 이야기를 듣고 깊은 인상을 받는다. 그 파티에는 보두인 대학에서 롱펠로와 같이 공부한 동문이자 후에 『주홍글씨』(1850)로 미국을 대표하는 소설가로 자리 잡은 너새니얼 호손(Nathaniel Hawthorne)도 있었는데, 롱펠로는 그에게 이 이야기를 소설로 써 보라고 권유했다고도 한다. 롱펠로는 약 5년 후 본격적으로 아카디아의 전설을 형상화하기 시작한다. 1845년 11월 28일자 그의 일기에는 〈가브리엘〉을 쓰기 시작했다는 구절이 보이며, 그로부터 6주 후부터는 제목이 〈에방젤린〉(영어로는 '에반젤린')으로 바뀐다. 1847년 2월 27일 완성된 작품은 1847년 10월 20일 보스턴의 티크너 출판사에서 출간되어 1년 동안 천 부씩 5쇄가 매진되는 선풍적 인기를 끈다. 또한 〈에방젤린〉은 그 후 백 년 동안 전 세계에서 130개 이상의 언어와 270개 이상의 판본으로 출간되면서 롱펠로의 대표작 가운데 하나가 된다.

무릇 오랫동안 사람들에게 회자되는 남녀의 사랑 이야기는 신화, 전설, 오페라, 소설, 영화 등 장르를 막론하고 비극적이다. 사회적 문제 때문에 이루어질 수 없는 사랑, 세상을 주고도 바꿀 수 없지만 운명 앞에 굴복하는 사랑, 자기 목숨과 바꾸는 희생적 사랑 등은 시대와 공간을 뛰어넘어 아련함과 장중함으로 감동을 불러일으키기 때문일 것이다. 현실의 보잘것없는 이해관계에 묻혀 허덕이는 범인들에게 순수, 정열, 헌신, 희생 등의 단어들, 그리고 결실을 맺을 수 없는 불가항력은 호소력을 가질 수밖에 없다. 사랑하는 아내를 찾아 하데스와 담판을 벌이지만 금기를 깨트림으로써 결국 아내를 잃는 그리스 신화의 오르페우스, 사랑의 미약으로 인해 윤리와 사랑, 책무와 정염 사이에서 평생 고통 받다가 죽음으로야 비로소 해방되는, 중세 유럽 음유시인들의 이야기 속 주인공 트리스탄과 이졸데, 첫눈에 반한 사랑이지만 서로 적대적인 가문에 속했다는 이유로 나란히 죽음으로 사랑을 확인하는 셰익스피어의 로미오와 줄리엣….

이승에서 이루어지지 않는 남녀의 사랑 이야기로서 〈에방젤린〉도 이러한 비극적 사랑의 계보를 잇는다. 하지만 〈에방젤린〉에는 여타의 비극적 사랑 이야기와 구분되는 점이 있다. 거기에는 18세기 북아메리카의 정세와 민족이라는 개념이 개입되어 있기 때문이다. 캐나다에서의 프랑스계 주민과 영국계 주민 간의 해묵은 대립과 갈등, 그리고 그에 따른 영국계 주민에 의한 프랑스계 주민 탄압이라는 역사적 사실이 〈에방젤린〉 이야기의 배경을 형성한다. 가브리엘을 향한 에방젤린의 사랑이 결실을 맺지 못하고 그들이 서로 헤어지게 된 이유는 다름 아닌 영국계 주민에 의한 강제 이주와 탄압이다. 그런 의미에서 에방젤린의 고통은 개인적 차원에 머무르지 않는다. 아카디아의 수많은 프랑스계 주민들이 에방젤린처럼 사랑하는 연인, 가족, 동료, 이웃과 헤어져 삶의 터전에서 쫓겨나 아메리카 대륙을 떠돌거나, 다른 곳에 정착해서 새로운 삶을 일구거나, 이미 떠나온 프랑스로 다시 돌아가야 했다. 〈에방젤린〉은 한 여인의 삶의 이야기이자 아카디아인, 나아가서는 캐나다의 프랑스계 주민들 모두의 이야기라고 할 수 있다. 롱펠로의 서정적 문장으로 형상화된 〈에방젤린〉은 결국 아카디아인의 역사를 상징하는 이야기이며, 동시에 1930년대 스탈린 치하의 소비에트공화국처럼 폭압적 공권력에 의한 강제 이주의 경험을 가진 모든 소수민족들의 이야기라는 보편성을 갖게 된다.

강제 이주의 시작

에방젤린과 가브리엘이 결혼을 앞두고 온 마을 사람들을 초대해서 흥겹게 식사를 한 그날 오후, 종탑의 종이 울리고 군인들의 북소리가 울리면서 마을의 남자들은 모두 성당에 소집되어 영국군의 포고령을 들으며, 여자들은 불안과 초조함 속에서 숨을 죽이고 상황을 바라본다. 영국군 지휘자가 말한다.

나는 왕실의 이름으로 너희들의 집과 재산 그리고 가축을 몰수하려고 이곳에 왔다.
너희들은 영국 배에 태워져 다른 해안 마을로 이주될 것이다.
그곳에서 충직하고 관대하고 복된 삶을 살기를 바란다.
너희들은 영국 왕실의 포로들이다.

Je viens pour confisquer, au nom de la couronne,
Vos maisons et vos biens avec tous vos troupeaux.

Vous serez transportés à bord de nos vaisseaux,

Sur un autre rivage où vous serez, j'espère,

Un peuple obéissant, généreux et prospère.

Vous êtes prisonniers au nom du Souverain.

(롱펠로의 〈에방젤린〉 중에서)

역사는 이날을 1755년 9월 5일로 기록하고 있다. 그해 8월 19일 그랑프레에 도착하여 사제관에 본부를 차린 영국군 존 윈슬로(John Winslow) 중령은 금요일인 9월 5일 아카디아의 프랑스인들을 성당에 소집한다. 생샤를데민 드 그랑프레 성당에 418명, 머레이 대위가 책임자인 포트 에드워드에 183명의 프랑스인이 무장한 군인들의 감시를 받는다. 오후 3시, 윈슬로 중령은 그랑프레 성당 중앙에 테이블을 가져다 놓게 하고는 영어로 강제 이주 명령서를 읽는다. 영어와 프랑스어에 능통한 이삭 데샹(Issac Deschamps)이라는 위그노 교도가 418명의 프랑스인에게 내용을 전달한다. 존 윈슬로 중령의 1755년 9월 5일자 일기에 수록된 포고령 전문의 내용을 요약하자면 다음과 같다.

· 이 명령은 국왕의 지시를 받은 로렌스 총독으로부터 전달되었다.
· 국왕은 누벨에코스(노바스코샤) 지역 프랑스인 주민들에게 지난 반세기 동안 유례없는 관용을 베풀어 왔지만 이들은 이를 악용했기에 다음을 명령한다.

· 돈과 가구를 제외한 일체의 토지, 모든 형태의 가축, 기타 모든 재산을 몰수한다.

· 프랑스인 주민들은 이 땅을 떠나 이주될 것이며, 선박이 초과 선적되지 않는 한 돈과 가구의 소지를 보장한다.

· 본인은 가족 전부가 같은 배에 타도록, 그리고 이 강제 이주가 원만하게 이루어지도록 노력할 것이다.

· 세상 어느 곳으로 가건 여러분들은 충직한 신하, 평화롭고 행복한 국민이 되어야 한다.

· 여러분들은 내가 지휘하는 군대의 감시와 감독하에 안전할 것이며, 국왕의 포로임을 천명한다.

포고령이 발표된 이 9월 5일은 강제 이주가 시작된 날로 간주된다. 이날부터 아카디아의 프랑스인들은 공식적으로 영국군의 포로로 취급되며, 그로부터 닷새 후인 9월 10일부터 영국인들은 프랑스인 포로들을 강제로 배에 태우기 시작한다. 윈슬로 중령의 일기에는 그날의 실상이 묘사되어 있다.

"나는 포로들을 나누는 것이 좋다고 결정했으며, 보스턴에서 온 배 다섯 척이 대기하고 있기에 각 배에 50명씩 태우되 젊은이들부터 먼저 배에 태우도록 명령했다. (⋯) 이어서 나는 애덤스 대위에게 젊은이들을 앞으로 나아가게 하도록 명령했다. (⋯) 그들은 아버지와 떨어져서는 가지 않겠다고 대답했다. (⋯) 나는 병사들에

게 총검을 착검하고 프랑스인들을 앞으로 나아가게 하라고 명령
했다."(존 윈슬로 중령의 9월 10일자 일기에서)

이때부터 프랑스가 북아메리카 식민지 대부분을 영국에 양도하는
파리 조약이 체결되는 1763년까지 8년 동안 1만 2천여 명의 프랑스
인들이 고향에서 쫓겨난다. 그들은 자신들을 받아주는 곳을 찾아 북
아메리카 동부 해안을 따라 방황하거나 프랑스 또는 영국으로 이송
되며, 영국군의 포위망을 벗어난 소수의 사람들은 도망자 생활을 하
게 된다. 이러한 상황은 〈에방젤린〉의 공간적 배경인 그랑프레 외에
도 아카디아의 각 지역에서 조직적으로 일어난다.

강제 이주의 역사적 배경

아카디아에서 일어난 영국군에 의한 프랑스인들의 강제 이주를
이해하려면 당시 아카디아가 처한 역사적, 지리적 상황을 먼저 살펴
보아야 한다.

아카디아는 북아메리카에서 경쟁적으로 식민지를 건설하던 영국
과 프랑스를 각각 대표하는 두 곳의 중심적 식민지 사이에 놓여 있
다. 바로 남부의 뉴잉글랜드와 북부의 누벨프랑스이다. 이러한 지정
학적 상황 때문에 아카디아는 늘 양국의 군사적 갈등이 표면화되는
운명에 처한다.

아카디아는 1604년에 프랑스 식민지가 된다. 초기에는 포르루아

얄(Fort Royal)을 중심으로 소수의 프랑스인들이 정착하기 시작했지만, 1670년부터 이민자 수가 늘어나 1671년에 400명이었던 인구가 1714년에는 2,900명이 된다. 이들은 점차 내륙으로 진출한다. 1672년에는 보바생(Beaubassin) 지역, 1686년에는 (그랑프레가 위치한) 민(Mines) 유역으로 거주지가 확장된다.

영국과 프랑스의 대표적 식민지 중간에 위치한 아카디아는 1713년까지 일곱 번에 걸쳐 소속이 바뀌지만, 영국은 아카디아에 큰 관심을 보이지 않는다. 1710년이 되어서야 포르루아얄에 군대를 주둔시키고 요새를 아나폴리스 로열(Anapolis Royal)로 개명할 정도였다.

1713년에는 프랑스와 영국이 서명한 위트레흐트 조약의 결과로 아카디아가 영국에 양도된다. 프랑스는 허드슨 만과 테르뇌브를 잃지만, 루아얄(영어로는 '케이프브레턴') 섬과 생장(영어로는 '프린스에드워드') 섬, 그리고 현재의 누보브륀스위크(영어로는 '뉴브런즈윅') 지방을 보전한다. 위트레흐트 조약 후 영국은 아카디아인들에게 영국 왕실에 충성을 맹세하든지 1년 내에 노바스코샤를 떠나라고 강요한다. 초기에 프랑스 당국은 아카디아의 프랑스인들을 루아얄 섬에 정착시키려고 유도하기도 하나 농사에 적합하지 않은 척박한 토지 때문에 큰 호응을 얻지 못하며, 나중에는 영국의 반발을 염려한 나머지 별다른 대책을 세우지 않는다.

영국의 가장 큰 관심은 충성 서약이었다. 하지만 자신들의 가톨릭 신앙을 지키고 프랑스와의 전쟁에 영국을 위해 무기를 들기를 원치 않았던 아카디아인들은 무조건적인 충성 서약을 거부한다. 1730년

필립 총독에 의해 이들의 거부가 구두 약속으로 받아들여지고, 아카디아인들은 중립적 국민이 된다. 그동안 노바스코샤는 정치적 안정을 취하면서 발전하여, 1755년에는 인구가 만 3천 명에 달하였다.

하지만 1740년 프랑스와 영국 간의 전쟁이 시작되고, 1749년 영국 상무원이 노바스코샤를 영국화하기로 결정하면서 긴장이 고조된다. 프랑스인과 가톨릭을 싫어하던 총독 찰스 로렌스는 충성 서약 문제를 매듭짓기로 결심한다.

1755년 7월 3일 로렌스 총독은 에드워드 요새의 머레이 대위에 의해 몰수된 민 지방의 아카디아인들의 배와 무기를 되찾고자 청원서를 들고 온 아카디아 대표들에게 충성 서약을 요구한다. 대표들은 주민의 의사를 묻지 않고 서명할 수 없다고 거부하며, 총독은 이들을 구금한다. 7월 25일과 28일 아나폴리스와 민 지역의 대표자 백여 명이 소환되나, 이들도 역시 서명을 거부하고 투옥된다.

로렌스 총독은 아카디아인들을 추방하고 그 자리를 뉴잉글랜드의 식민자로 채우려는 결심을 실행하기 위해 7월 31일 명령을 내려 250명의 영국군과 2천 명의 식민지군을 동원한다. 로버트 멍크턴 대령은 시그넥투(Chignectou) 협부 지역, 존 윈슬로 중령은 민 지역, 알렉산더 머레이 대위는 피지구이트(Pigiguit) 지역, 존 핸드필드 소령은 아나폴리스 지역의 책임자가 되어 아카디아인들을 강제로 배에 태운다. 저항도 있었다. 누벨프랑스 출신의 프랑스 해군 장교 부아제베르(Boishébert)는 휘하의 부하를 이끌고 영국군을 공격하나 역사적 흐름을 바꾸기에는 역부족이었다.

그 후 아카디아인들은 영국 식민지 곳곳으로 흩어져 국가의 보조를 받으며 생활하게 되었다. 강제 이주는 끝이 나지만, 그 8년 동안 약 75퍼센트의 아카디아인이 북아메리카 각지로 강제 추방되었고 약 8천 명의 영국인이 그 자리를 차지했다. 영국은 1764년 무조건적 충성과 분산 거주를 조건으로 아카디아인의 귀환을 허용한다. 고향으로 돌아온 수백 명의 아카디아인은 죄수나 도망자로 있던 2,500여 명의 동족과 재회하지만, 그들이 입은 마음속 상처는 봉합되지 않는다.

[한용택]

참고문헌

퀘벡학연구모임,『키워드로 풀어보는 퀘벡 이야기』, 아모르문디, 2014.

JOURNAL OF COLONEL JOHN WINSLOW, Nova Scotia Archives (https://novascotia.ca/archives/deportation/archives.asp?Number=NSHSIII&Page=109&Language=English)

5. 퀘벡 저항의 역사 쓰기
— 팔라르도의 영화 〈1839년 2월 15일〉

역사의 영화적 재현

나는 대지를 비옥하게 만드는 한 방울의 피다⋯. 나는 죽는다. 왜
냐하면 민중이 살기 위해 내가 죽어야만 하기 때문이다.
Je suis un peu du sang qui fertilise la terre... Je meurs parce
que je dois mourir pour que vive le peuple.

위의 문장은 피에르 팔라르도(Pierre Falardeau)가 2001년에 제작
한 영화 〈1839년 2월 15일(15 Février 1839)〉의 마지막에 삽입된 자
막이다. 출처를 알 수 없지만 에르네스토 체 게바라(Ernesto Che
Guevara)가 즐겨 인용한 문장인데, 비극적인 영화의 마지막 장면에
서 감독이 영화를 통해 퀘벡에 전달하려는 메시지에 울림을 더해 주

영화 〈1839년 2월 15일〉의 포스터

는 역할을 한다. 영화의 마지막은 애국자당 반란으로 수감된 프랑수아 마리 토마 슈발리에 드 로리미에(François-Marie-Thomas Chevalier de Lorimier)와 샤를 힌더랑(Charles Hindelang)을 포함한 다섯 명의 애국자당원이 처형당하는 장면, 교수형 집행 직후 동료 수감자가 붉은색의 감방 벽에 영화의 제목이 된 이들의 처형일인 1839년 2월 15일이란 날짜를 새기는 장면, 그리고 교수형 집행 전날 감옥을 방문한 드 로리미에 부인이 남편에게 준 붉은색 손수건이 하얀 눈밭에 떨어져 있는 장면으로 구성되어 있다. 퀘벡의 독립을 위해 죽어 간 드 로리미에의 피를 퀘벡의 기억에 영원히 새기고자 하는 감독의 제작 의도는 이렇게 세 컷으로 이루어진 클로징 시퀀스로 요약된다.

2001년 제작된 이 영화는 퀘벡 저항 정신의 출발점인 '애국자당 항거'(1837년과 1838년)[1]의 두 주역인 프랑수아 드 로리미에와 샤를

---

1) '애국자당 항거'의 프랑스어 표기는 'la rébellion des Patriotes'이다. 여기서 rébellion은 반역, 반란, 또는 반항의 의미를 가지고 있다. 다시 말해 기존의 질서에 반대하는 행위를 일컫는 단어인데,

힌더랑이 교수형에 처해지기 전 24시간을 재현하고 있다. 1838년의 애국자당 항거 이후 공식적으로 수감된 애국자당원은 851명에 달하는데, 영화는 그중 약 30명의 수감자들의 생활을 보여 준다. 1839년 2월 14일 오전 교수형에 처해질 다섯 명의 이름이 발표된 후 드 로리미에와 힌더랑을 중심으로 교수형 집행 전 하루 동안 이들이 느끼는 인간적인 두려움, 고통, 증오를 그려 내며 의연하게 죽기까지 이러한 감정들을 극복하는 과정을 묘사하고 있다. 또 두 사람이 주변인들과 나누는 대화를 통해 영국 정부에 항거할 수밖에 없었던 애국자당 저항 정신을 설명하고 그 역사적 당위성을 표현했다.

〈1839년 2월 15일〉은 기존의 역사 재현 영화와 구분되는 몇 가지 특징을 지닌다. 다른 역사 영화와 차별되는 지점은 우선 드 로리미에를 인간의 능력을 뛰어넘는 초월적인 영웅으로 부각시키는 것이 아니라, 그의 인간적인 모습을 강조한다는 것이다. 팔라르도는 드 로리미에가 처형당하기 전날 감옥을 방문한 부인과 보내는 장면에 영화의 많은 시간을 할애하며 그의 영웅적인 모습보다 인간적인 면모를 부각시킨다. 이러한 구성은 저항이 영웅적인 인물에서 출발하는 것이 아니라 퀘벡에 대한 억압이 평범한 인물을 저항의 중심으로 만들

행위의 주체에 따라 또 이를 기록하는 주체에 따라 다른 의미를 띠게 된다. 그래서 반란이라는 의미로 사용할 수도 있지만 항거 또는 저항이라는 뜻을 동시에 내포하고 있는 것이다. 단어 자체가 중의적으로 양측의 시각을 포함할 수 있다는 것은 역사의 교훈이라 생각된다. 국내에서 출간된 퀘벡 관련 저서에는 동일한 역사적 사실을 '애국자당 반란'으로 표현하고 있는데 이는 역사의 승리자인 영국계의 시각을 반영하는 표현이라 할 수 있다. 이런 의미에서 여기서는 '애국자당 반란'보다는 '애국자당 항거'로 표기한다.

었다는 영화의 시각을 드러낸다. 마찬가지로 퀘벡의 모든 프랑스계 주민들이 드 로리미에와 같은 저항의 영웅이 될 수 있고 또 영웅이 되기를 바라는 감독의 메시지가 표출된 것으로도 볼 수 있다. 그리고 이 영화가 다른 역사 재현물과 차별되는 또 다른 부분은 영화의 많은 부분을 애국자당원들의 일상적인 수감 생활을 묘사하는 데 할애하고 있다는 것이다. 통상 역사를 재현하는 영화는 보편사적인 시각에서 중요하다고 간주되는 사건을 중심으로 재현하는 경향이 있는데, 팔라르도의 〈1839년 2월 15일〉은 일상을 통해 역사의 아픈 순간을 표현한다. 감독은 단지 과거에 고착된 고통을 표현하는 것이 아니라 고통의 일상은 현재에도 지속되고 있음을 표현하기 위해 일상을 영화의 주된 배경으로 삼았다. 퀘벡에서 '애국자당 항거'를 재현한 영화 중 가장 뛰어난 작품이라 평가받는 이 영화는 기존의 역사 영화가 연대기적으로 중요한 사건을 재현하는 데 초점을 맞춘 것과 달리 24시간으로 제한된 시간 속에서 인물들의 일상을 통해 미시적 시각으로 역사를 재현하고 있다. 이러한 맥락에서 이 영화는 프랑스 철학자 질 들뢰즈(Gilles Deleuze)가 구분하는 현대적인 영화의 방식으로 역사를 재현하고 새로운 방식의 역사 재현 영화를 제안하고 있다. 〈1839년 2월 15일〉은 인간의 자유에 대한 문제를 제기하기 위해 감옥을 주제로 다룬 〈파티(Le party)〉(1990), 퀘벡 현대사에서 가장 극적이었던 '10월의 위기(Crise d'octobre)'를 다룬 〈10월(Octobre)〉(1994)과 함께 피에르 팔라르도 감독의 '퀘벡 저항' 삼부작을 구성한다.

퀘벡 저항 정신의 시작: 애국자당 항거

1837년과 1838년 사이 여러 차례에 걸쳐 발생한 무장 봉기를 '애국자당 항거', '캐나다 하류 지역(Bas-Canada)[2] 항거' 또는 단순하게 '1837~38년 항거'라고도 부르는데, 영국령 식민지인 캐나다 하류 지역에서 발생한 영국군과 식민지 프랑스계 주민 사이의 무력 충돌을 일컫는다. 이 사건은 19세기 초부터 있어 왔던 정치적 충돌이 표면화된 것으로, 1831년 발생한 '캐나다 상류 지역(Haut-Canada)[3] 항거'와 함께 시작되었다.

1759년 7년 전쟁 끝에 누벨프랑스가 영국에 복속된 이후, 현재의 퀘벡 지역인 캐나다 하류 지역은 영국에서 임명한 총독에 의해 통치되었다. 이후 이 지역의 교역은 보스턴 지역 상인들의 중개로 영국에 집중되었다. 영국 왕실은 캐나다 상류 지역을 개척하기 위해 영국인들의 대량 유입을 유도했고, 시험 서약에 맹세한 사람들만 군(軍)을 포함한 공직을 맡을 수 있도록 제도를 만들었다. 시험 서약은 영국 왕실에 충성을 맹세하는 서약으로 공직에서 가톨릭의 영향력을 몰아내기 위해 교황의 권위와 가톨릭을 부정하고 화체(化體)를 거부할 것을 맹세하는 행사이다. 가톨릭을 부인할 수 없어 시험 서약에 맹세할 수 없었던 프랑스계 주민은 모든 공직에서 배제되어 영국계 주민에 비해 하등한 취급을 받게 된다. 이러한 과정으로 인해 퀘벡 지역의

---

2) 영어로는 로어 캐나다(Lower Canada)라고 한다.
3) 영어로는 어퍼 캐나다(Upper Canada)라고 부르며, 오늘날의 온타리오 남부 지역에 해당한다.

루이 조제프 파피노의 초상

프랑스계 주민들의 불만이 누적된다.

이러한 프랑스계 주민을 대변하기 위해 19세기 초에 결성되었던 '캐나다당(Parti canadien)'은 1826년 '애국자당(Parti patriote)'으로 이름을 바꾸고 영국계 주민으로 이루어진 '관료 정당(Parti bureaucrate)'과 의회에서 정치적으로 대립하였다. 애국자당은 프랑스계 주민들의 불평등한 지위를 해소하기 위한 92개 항목으로 이루어진 결의안을 1834년 하원에 제출하였다. 1837년 당시 수상이었던 존 러셀(John Russell)은 이에 대응하여 10개 항의 결의안을 제출하는데, 불평등을 해소하는 것이 아니라 의회 예산을 정부가 마음대로 사용할 수 있게 하는 등 총독과 식민 정부에게 더 많은 권한을 부여함으로써 프랑스계 주민들의 반발을 불러일으켰고 이를 계기로 애국자당 항거가 시작되었다.

1837년 당수인 루이 조제프 파피노(Louis-Joseph Papineau)를 필두로 애국자당은 영국군에 대한 공격을 감행하였다. 이들의 항거는 캐나다 상류 지역에 비해 캐나다 하류 지역에서 더 격렬했는데 이를 막기 위해 영국군은 캐나다 상류 지방에 있는 모든 병력을 이동시킬 수밖에 없었다. 하지만 존 콜번(John Colborne) 장군이 이끄는 정규 군과 캐나다 상류 지방의 영국계 민병대에 비하면 애국자당의 병력 규모는 턱없이 부족한 형편이었다. 1837년에는 생드니 전투, 생샤를 전투, 그리고 생외스타슈 전투가 벌어졌다.

생드니 전투는 1837년 11월 23일에 전개되었는데, 월프레드 넬슨 (Wolfred Nelson) 박사가 이끄는 800명의 애국자당원이 찰스 고어 (Charles Gore) 장군의 영국군과 민병대 300명과 맞서 싸웠다. 이 전투는 애국자당원들의 승리로 끝났지만 애국자당 항거의 유일한 승리로 기록된다. 두 번째 전투는 이틀 뒤인 11월 25일 생샤를의 리슐리외 계곡에서 벌어졌다. 지난번 패배를 만회하고 애국자당원들의 저항을 짓밟기로 작심한 영국 군대는 대승을 거둔다. 이 전투에서 영국군은 30명의 손실을 기록하나 애국자당원은 150명이 전사하였다. 생외스타슈에서 12월 14일에 벌어진 세 번째 전투는 약 70명의 애국자당원이 전사하였고, 영국군과 민병대는 마을에 불을 질러 약 65채의 가옥이 전소되었다. 〈1839년 2월 15일〉의 오프닝 시퀀스에 등장하는 무자비한 약탈 장면은 생외스타슈 전투를 상기시킨다.

이러한 패배로 루이 조제프 파피노는 미국으로 도피하였고 수백 명이 몬트리올의 피에 뒤 쿠랑 감옥에 투옥되었으며 다수가 호주로 유배되었다.

1838년에는 산발적인 전투가 벌어졌는데 대표적인 전투는 11월 7일의 라콜 전투, 11월 9일의 오델타운 전투, 그리고 11월 10일의 보아르누아 전투이다.

1837~1838년에 발생한 애국자당 항거의 결과로 본드 헤드 (Bond Head) 총독이 더럼 경으로 알려진 존 조지 램턴(John George Lambton)으로 교체된다. 더럼 경은 저항의 주체인 프랑스계 주민을 조사한 것이 아니라 영국계 주민들이 가진 불만의 이유를 찾고 이를 완화시키는 방법에 대한 보고서를 제출하였는데, 결론은 캐나다 상류 지역과 캐나다 하류 지역을 통합하고 프랑스계 캐나다인들의 자율권을 줄이는 것이었다.[4]

2002년에 제정되고 2003년에 처음으로 시행된 '애국자당 국가 기념일'은 1837년과 1838년의 애국자당 항거를 기념하기 위해 매년 5월 25일 직전의 월요일을 기념 공휴일로 지정한 것이다. 이날은 국가와 정치적 자유, 그리고 민주적인 정부 구성을 위해 애국자당 당원들이 전개한 투쟁의 중요성을 되새기기 위한 날이다.

애국자당 항거와 관련해 짚어 볼 만한 사실은 프랑스 소설가 쥘 베른(Jules Verne)이 당시를 모델로 캐나다 하류 지역에 살고 있는 가족의 이야기를 다룬 소설 『이름 없는 가족(Famille-Sans-Nom)』(1889)을 출간한 것이다. 소설은 1837년과 1838년을 배경으로 삼았으나 소설이 출간될 당시 퀘벡에 살던 프랑스계 주민들의 상황을 묘사하고 있다. 이러한 사실은 애초에 퀘벡을 개척했던 프랑스가 퀘벡의 상황에 대해 많은 관심을 가지고 있었음을 보여 준다.

---

4) 애국자당 항거에 대한 보다 자세한 역사적 사실은 『키워드로 풀어보는 퀘벡 이야기』(아모르문디, 2014)의 '애국자당 반란' 항목을 참조할 것.

팔라르도의 영화적 전략: 24시간의 위 클로

〈1839년 2월 15일〉에서 주목해야 할 부분은 우선 영화의 시간적 구성이다. 이 영화는 2년에 걸쳐 일어났던 애국자당 항거를 다루지 않고 드 로리미에와 동료들이 처형당하기 직전 24시간을 시간적 배경으로 삼고 있다. 대개 영화에서 이렇게 짧은 시간을 다루는 이유는 시간적 생략을 최소화할 수 있기 때문이다. 영화에서는 시간적 생략이 많을수록 진실과 거리가 멀어진다고 생각하는 경향이 있어, 사실 탐구를 추구하는 영화들은 영화의 디에게시스적인 시간과 상영 시간이라고 하는 물리적인 시간의 간극을 줄이려는 경향을 보인다. 하지만 팔라르도가 선택한 24시간의 재현이라는 시간적인 전략은 사실 추구의 맥락보다는 사건이 아니라 인물에 집중하려는 전략으로 이해할 필요가 있다. 앞서 언급했듯이 이 영화는 시간적 배경을 최소화하면서 인물에 집중하는 새로운 방식의 역사 영화이다. 할리우드 방식으로 액션을 이용해 역사의 영웅을 묘사하는 것이 아니라 대화나 독백을 통해 영상-글쓰기를 시도하며, 기록된 역사를 이미지로 재구성하기보다는 그 기록 너머에 있는 정신적인 부분을 필름에 새기는 방식이라 할 수 있다. 이러한 방식은 역사를 재현함과 동시에 창조하는 것이고 창조하면서 다시 역사화하는 작업이라 할 수 있다. 24시간으로 한정된 시간적 구성은 이러한 새로운 방식의 영상-역사 작업에 적합한 형태로 고안된 것이라 볼 수 있다.

그리고 한정된 시간 내에서 인물에 집중하는 방식은 공간적인 구성과도 유기적으로 조응한다. 피에르 팔라르도의 영화는 몇몇 장소에서 중점적으로 촬영되었다. 교수형이 집행되는 감옥 외부는 퀘벡 성채(Citadelle de Québec)에서, 영화에서 유일하게 트래블링을 사용하여 영국군의 약탈 장면을 보여 주는 오프닝 시퀀스는 당시의 마을을 재현한 야외에서, 그리고 영화의 대부분을 차지하는 감옥 장면은 스튜디오에서 촬영하였다. 이 중 영화 대부분은 감옥 내부에서 일어나는 위 클로5) 형식으로 이루어져있다. 팔라르도는 〈10월〉에서 이미 '10월의 위기' 당시 피에르 라포르트를 납치한 범인들이 납치한 장소에서 겪는 갈등과 감정의 변화 등을 위 클로 방식으로 다룬 바 있다.

영화에서 위 클로 방식은 인물의 액션이 제한된 폐쇄된 공간에서 진행되고 카메라는 인물 위주로 구성되기 때문에 인물의 행동을 관찰하고 인물의 심리 상태를 파악하는 데 적합한 방식으로 알려져 있다. 그리고 제한된 공간에서 인물의 동선을 제어해야 하기에 이런 방식의 영화에서 데쿠파주와 미장센은 감독에게는 도전이 되기도 한다. 그래서 인물들의 심리를 다루는 다큐멘터리에서 위 클로 방식으로 제작된 영화들을 흔히 찾아볼 수 있다. 마찬가지로 팔라르도는

---

5) 프랑스어인 위 클로(huis clos)는 문을 의미하는 'huis'와 닫는다, 가둔다는 뜻의 동사 'clore'의 과거분사가 결합해서 '문과 창문이 닫힌 상태'를 의미한다. 재판의 경우 방청객 없이 진행되는 '비공개 재판'을 의미하고 예술적으로는 작품 속의 액션이 단일한 장소에서 이루어지고 작중 인물들은 그 공간에서 벗어날 수 없는 설정을 가진 소설이나 연극 또는 영화의 형태를 의미한다. 이 용어는 특히 프랑스의 장 폴 사르트르(Jean-Paul Sartre)가 1944년에 상연한 실존주의 연극 〈닫힌 문(Huis clos)〉 때문에 널리 알려지게 되었다.

〈1839년 2월 15일〉에서 역사적인 사건보다는 사건의 주인공에 초점을 맞추고 처형당하기 전 감옥에 갇힌 애국자당원들의 모습을 보여주려고 하였기에 위 클로 방식을 선택한 것은 더없이 적절해 보인다. 그는 〈10월〉에서도 위 클로 방식을 사용하여 '10월의 위기' 당시 테러를 감행했던 퀘벡해방전선(FLQ)의 조직원들을 옹호하고 있다. 이들이 저지른 납치와 살해를 불가항력적인 상황 논리로 묘사하면서, 신념에 찬 퀘벡 민족주의자들이 영국계에 지배당하는 불행한 현실 때문에 요인 납치를 감행할 수밖에 없었으며 납치된 피해자와 마찬가지로 납치범들도 갇힌 공간에서 고통 받고 있다고 묘사한다. 이런 맥락에서 볼 때, 팔라르도의 닫힌 영화 공간은 어쩌면 영국과의 관계에서 독립이 될 때까지 정신적으로 갇혀 지낼 수밖에 없는 퀘벡의 상황을 다른 방식으로 표현하고 있는 것인지도 모른다.6)

하지만 팔라르도가 위 클로 방식을 선택한 것은 영화적 전략 외에 퀘벡 민족주의 성향을 가진 영화인이 겪을 수밖에 없는 제작 현실에서도 이유를 찾을 수 있다. 우선 위 클로 방식은 대규모의 공간이나 다양한 공간에서 촬영하지 않기 때문에 제작비를 절약할 수 있어 경제적인 측면에서 고려의 대상이 된다. 피에르 팔라르도는 퀘벡의 독립을 추구하는 민족주의적인 정치 성향으로 늘 정부와 긴장된 관계를 유지해 온 영화인이다. 그렇기 때문에 매번 영화 제작비를 조달하는데 어려움을 겪어 왔다. 상업주의 영화를 지향하지 않기에 공공기

---

6) 이 책의 11장에서 다룬 〈10〉월에 대한 분석을 참조할 것.

관의 지원금이 필요하지만 영국계와 프랑스계 주민을 아울러야 하는 캐나다 정부는 퀘벡 민족주의를 분명하게 표방하는 영화를 지원하기 부담스러울 수밖에 없다. 팔라르도가 〈1839년 2월 15일〉의 제작을 준비하는 과정에서 텔레필름 캐나다[7]가 지원을 거절해 제작비를 조달하기 위해 겪은 일화는 퀘벡의 영화계와 예술계뿐만 아니라 퀘벡 사회에도 반향을 불러일으켰다.

이렇듯 퀘벡에서 민족주의 영화를 제작하는 경우 정부 지원금을 얻기란 힘든 상황이다. 1534년 자크 카르티에가 캐나다를 개척한 이후 영국과의 7년 전쟁, 원주민과의 갈등, 현대의 '조용한 혁명', '10월의 위기' 등 퀘벡의 역사는 단 한 순간도 긴장감을 늦출 수 없었던 사건의 연속이었다. 이처럼 굴곡진 퀘벡의 역사를 고려할 때 퀘벡의 역사를 재현한 영화가 그리 많지 않다는 사실은 놀라울 뿐이다. 수많은 이유가 존재하겠지만 그중 가장 큰 이유는 예산 확보의 어려움 때문으로 보인다. 영국계가 경제권을 장악한 상황에서 캐나다 연방정부가 퀘벡의 저항 정신이 담겨 있거나 퀘벡 위주의 역사관을 투사하는 영화에 투자하기가 쉬운 일은 아니기 때문이다.

주관적 역사의 기록

---

7) 텔레필름 캐나다(Téléfilm Canada)는 캐나다 유산보존부 산하의 연방기구이다. 캐나다의 시청각 산업을 발전시키려는 목적으로 설립하였고 이를 위해 영화 산업, 텔레비전, 뉴미디어를 재정적, 전략적으로 지원한다.

팔라르도의 〈1839년 2월 15일〉은 여러 부분에서 역설로 가득 차 있다. 우선 영화의 전체적인 분위기를 보면, 애국자당 항거는 퀘벡 역사에서 가장 분명하고 강력했던 저항의 역사임에도 영화는 상영 시간 전반에 걸쳐 지나칠 만큼 차분하고 조용한 분위기를 유지한다. 오프닝 시퀀스에서 보여 주는 생외스타슈 전투의 끔찍한 기억을 되살리는 영국군의 약탈 장면 이후 주인공인 드 로리미에가 앞의 시퀀스를 꿈으로 받으면서 처형 전 감옥의 하루가 시작된다. 이후 영화는 저항의 강렬한 기운보다는 감옥의 동지애나 면회 온 부인과의 인간적인 교감 등 서정적인 분위기를 강조한다. 이러한 구성뿐만 아니라 감옥 내부의 생활을 주로 다루는 소재나 장면의 선택도 애국자당 항거라는 전투의 기억을 재현하기에는 부족해 보인다.

또 영화적인 측면에서 볼 때 이 영화는 역사를 기억하기 위한 재현 측면에서는 영점에 가깝다. 왜냐하면 이미 영화의 기본 틀이 역사적 배경보다는 처형 전 24시간을 다루고 있으며 내용은 애국자당원들의 개인적인 감성에 초점을 맞추었기 때문이다. 통상 역사를 재현하는 영화가 강조하는 객관적인 시선과 사실 고증에 집중하기보다, 이 영화는 그 어떤 영화보다도 대사를 통한 감독의 주관적인 시선이 강하게 드러난다. 그렇기 때문에 저항의 역사적 당위성이나 가치를 주장하기보다는 수감되고 처형되는 애국자당원들의 인간적인 고통을 부각하며, 이러한 방식은 어쩌면 현행 교육에서 가르치는 연대기적인 역사와는 매우 동떨어진 것이라고 할 수 있다.

이 영화의 시나리오는 드 로리미에가 처형 전 감옥에서 작성한 편지를 중심으로 팔라르도가 작성하였다고 한다. 하지만 팔라르도는 여기에 덧붙여 제2차 세계대전 중 레지스탕스에 참여했거나 전쟁 중 처형된 병사들의 편지를 참고해 시나리오를 작성했다고 밝히고 있다. 이미 시나리오 단계에서 역사의 고증이라는 측면을 중요하게 고려하지 않았다는 사실을 천명하고 있는 셈이다. 2001년 1월 25일 퀘벡의 문화를 소개하는 『부아르(Voir)』지(誌)의 에릭 푸를랑티와 가진 인터뷰에서 감독의 제작 의도를 엿볼 수 있다.

이 영화에서 모든 것은 가짜고 또 모든 것은 진짜다. 하지만 나는 진정성에는 아무런 관심도 없다. 나는 대화를 만들기 위해 가스통 미롱(Gaston Miron)과 폴 뷔소노(Paul Buissonneau)와 함께 작업하였다. 의상과 배경은 역사적 고증에 충실하지만 만들어 낸 것이다. 나는 모든 것을 지구상 곳곳에 있는 모두에게서 훔쳐 왔다. 증오에 관한 장면은 바르샤바 게토의 생존자에게서 훔쳐 왔다. 감옥의 수영 강습 장면은 아르헨티나의 정치범에게서 훔쳐 왔다. 지금이나 200년 전이나, 퀘벡이나 아르헨티나나, 감옥은 어디나 마찬가지이다. 나의 영화는 오늘의 세계에 보내는 것이다. 당신이 스파르타쿠스를 읽거나 나치의 수용소를 읽거나 역사라는 것은 인간을 이해하게 해 주는 것이고 또 오늘을 살아가는 것이다.[8]

---

8) Éric Fourlanty, *15 février 1839 - Pierre Falardeau : Je me souviens?*, in *Voir* 25 janvier 2001.(https://voir.ca/cinema/2001/01/25/15-fevrier-1839-pierre-falardeau-je-me-souviens/)

이러한 생각을 바탕으로 제작되었기 때문에 〈1839년 2월 15일〉은 여러 면에서 비난을 받기도 하였다. 우선 가장 중요한 비난은 역사적 사실에 대한 고증이 부족하고 역사의 시각이 아니라 철저히 민족주의적인 시각에서 제작하였다는 것이다. 그리고 드 로리미에의 처형 전 24시간을 다루기보다 오히려 그의 정치 경력, 투쟁 과정 그리고 미국으로의 도피 생활 등을 다루었다면 좀 더 퀘벡의 역사에 충실한 영화가 되었을 것이라는 비난도 존재한다. 그리고 팔라르도가 드 로리미에의 24시간을 통해 보여 준 민족주의적 시각에 대해 에밀 바롱은(Émile Baron)은 이 영화를 롤랜드 에머리히(Roland Emmerich)의 〈패트리어트 – 늪 속의 여우(The Patriot)〉(2000)와 비교하며 "증오와 인종차별주의적인 프로파간다로 쓴 역사"라 폄하하고 있다.

이렇듯 〈1839년 2월 15일〉은 역사적 사실과 증언을 바탕으로 퀘벡의 역사를 전면에 내세우나 실상은 많은 부분을 허구적인 상상력으로 채워 넣은 영화이다. 하지만 그렇다고 팔라르도가 전적으로 자신이 가지고 있는 민족주의 이데올로기를 설파하기 위한 공간으로 영화를 사용한 것은 아니다. 일견 역사적 고증과는 무관해 보이는 이 영화의 세세한 부분은 감독이 역사적 진실에 다가가기 위해 노력했다는 흔적을 보여 준다. 특히 애국자당원들의 수감 환경을 표현한 몇몇 장면은 이러한 노력이 돋보이는 대표적인 부분이다. 영화에서 2월의 감옥을 표현하기 위해 물동이의 얼음을 깨고 세수하는 장면이나 소변을 볼 때 수증기가 피어오르는 장면 등은 내러티브적인 측면에서는 중요하지 않지만 당시의 수감 환경을 실재와 가깝게 재현하고 있음을 알 수 있다. 그리고 스튜디오에서 촬영 당시 수감자들의 입김이 실감나게 표현되도록 추운 겨울에 스튜디오의 문을 완전히 열어 놓은 채로 촬영하기도 하였다. 마지막으로 얘기할 수 있는 부분은 교수형에 처해지는 순간 다섯 명의 애국자당원들의 신체 반응을 보여 주는 장면이다. 이러한 장면은 웬만한 용기가 아니면 표현하기가 쉽지 않다. 자칫 고인에 대한 모독으로 비춰질 수 있기 때문이다. 하지만 팔라르도는 그 어떤 영화보다도 사실적으로 교수형 장면을 처리하고 있다.

그렇다면 일부 장면이긴 하나 이렇듯 세세한 부분에 대한 역사적 고증을 염두에 두었던 피에르 팔라르도가 고증보다는 허구에 의존하는 방식의 영화를 제작한 이유는 무엇일까? 역사 영화에 대한 인식의 부족 때문일까, 아니면 자신의 퀘벡 민족주의적 성향이 역사의 진실 고증을 뛰어넘기 때문일까?

팔라르도의 역사 재현 방식 : 과거와 현재의 대화

때로는 지나치게 사실적이고 때로는 사실 재현보다는 상상에 기반하고 있어 자의적으로 보일 수 있는 피에르 팔라르도의 역사 재현 방식을 이해하려면 〈1839년 2월 15일〉의 초반과 끝부분에 등장하는 의외의 장면에 주목할 필요가 있다. 영화의 초반부는 장의사와 어린 딸이 다음 날 처형될 다섯 애국자당원의 시신을 담을 관을 싣고 감옥으로 들어오는 장면이고, 마지막 부분은 위에서 언급한 것처럼 아주

1839년 애국자당원들의 처형

사실적으로 묘사한 처형 장면을 두 사람이 지켜보는 장면이다. 아빠와 딸이 등장하는 장면은 역사의 재현 또는 재구성과는 관계없이 픽션에 기반한 장면인데, 이 영화 중 가장 은유적인 동시에 그 어느 장면보다도 감독의 역사관을 뚜렷하게 표현하고 있다.

우선 마지막 장면은 교수형으로 죽음에 이르는 애국자당원들의 모습과 장의사와 그 딸이 이 장면을 응시하고 있는 상황을 교차 편집을 통해 보여 준다. 여기서 끔찍한 희생을 바라보는 두 사람의 시선은 무겁지만 담담하고, 이러한 시선은 바로 고통의 역사를 증언하는 시선이 된다. 특히 어린 소녀가 화면 중앙에서 눈 한 번 깜박이지 않고 처형을 지켜보는 모습을 클로즈 쇼트로 표현한 것은 잔인한 설정이지만, 팔라르도는 이 장면을 통해 다가올 세대의 시선에 각인되는 역사를 영화에서 재현하려는 것이다. 이렇게 어린아이를 역사의 증인으로 선택한 것은 두 가지 상징적 의미를 지닌다. 우선 일반적으로 영화에서 어린아이를 내세워 현실 관찰의 역할을 맡기는 이유는 아이의 순수한 시선이 있는 그대로의 사실을 증언할 것이라는 상징성 때문이다. 그리고 두 번째 상징적인 의미는 특히 이 영화에서 두드러지는데, 어린아이의 눈을 통해 고통의 역사를 증언함으로써 역사를 과거의 기억 속에 가두는 것이 아니라 현재와 미래로 전달하려는 것이다. 이렇게 상징을 통해 구성한 역사의 증언은 팔라르도의 영화가 사실적인 재현보다는 역사의 사실을 현세대에 전달하는 것에 더 많은 비중을 두고 있음을 의미한다.

팔라르도의 역사 재현 방식은 이렇듯 이미지를 통해 단순히 과거를 현재에 고증하는 데만 의의를 두지 않는다. 이런 특징은 영화의 곳곳에서 나타나는데, 대표적인 것이 영화의 대부분을 차지하는 감옥의 24시간을 보여 주는 장면이다. 이런 장면은 팔라르도의 영화에 대한 비판의 빌미를 제공하기도 하는데, 감옥 내부에서 일어나는 일을 중심으로 영화가 진행됨으로써 영웅적인 모습보다는 일상적이고 인간적인 모습에 치중하기에 역사의 재현으로 적당하지 않다는 것이 비판의 주된 이유이다. 하지만 감옥의 일상 장면에서 눈여겨봐야 하는 것은 애국자당원들이 비교적 자유로운 분위기에서 수감 생활을 하는 것으로 묘사된다는 사실이다. 또한 영국 간수들은 악인으로 묘사되기보다는 수감자들에게 굉장히 많은 자유를 허용하며, 억압적인 태도가 아니라 오히려 애국자당원들에게 기가 눌려 있는 모습을 자주 보여 준다. 이러한 설정은 자칫 영국계에 대한 호의적인 태도로 비춰질 수 있을 뿐만 아니라, 앞서 지적했듯이 아주 사실적으로 묘사된 수감 환경과 정면으로 배치될 수밖에 없다. 하지만 애국자당원들의 고통을 전투라는 역사의 한 지점에서 비롯된 고통이 아니라 일상의 고통으로 환원한 것은 역사의 고통을 전달하는 방식에 대한 성찰에서 나온 것이라 여겨진다. 애국자당원들의 고통은 고문이나 영국계 간수들에 의한 강압이라는 외적 상황에 의한 것이 아니라 한 가정의 가장이 사랑하는 사람들과 이별해야 하는 개인적인 차원의 고통으로 표현된다. 퀘벡의 영웅들이 겪는 고통에 대한 미시적인 접근과 주관적인 해석은 보다 효과적으로 관객의 예민한 감수성을 겨냥한다. 이러한 방식은 퀘벡 역사에서 가장 아픈 순간일 수 있는 애국자당 저항을 거시적인 시각으로 재현하는 것보다 훨씬 효과적으로 관객에게 전하는 방법이 될 수 있다.

결국 이렇게 구성된 감옥 장면을 통해 팔라르도는 퀘벡의 현실에 대한 전형적인 비판에서 벗어나고 있는 듯하다. 감독이 보내고자 하는 가장 중요한 메시지는, 당시 애국자당 저항을 봉쇄한 영국군을 고발하고 그 역사를 현재 퀘벡의 상황에 투사하여 모든 퀘벡 문제의 근원은 영국계에 있고 이는 7년 전쟁의 패배와 실패한 애국자당 저항 때문이라고 생각하는 인식에서 벗어나야 한다는 것이다. 그가 제기하는 문제의식은 애국자당원들이 마지막 순간까지 지키려했던 의연함과 퀘벡의 독립을 지키기 위해 기꺼이 모든 것을 버렸던 저항 정신을 현재의 퀘벡 주민들이 계승하지 못하고 있다는 사실에서 출발한다. 현재의 퀘벡에 대한 비판은 처형 전날 밤 드 로리미에를 방문한 신부와 두 사람이 마지막으로 나누는 대화에서 잘 드러난다.

드 로리미에 : 승리한 자가 역사를 기록할 것입니다.
(C'est ceux qui gagnent qui vont écrire l'Histoire.)
신부 : 비겁한 자들에게 자유란 항상 극단적인 것이지요.
(Pour les laches, la liberté reste toujours extrémiste.)

두 사람의 대화는 1839년의 상황을 빌려 2001년의 현실을 비판하고 있다. 퀘벡의 독립을 주장하는 퀘벡의 민족주의 정신이 극단적이라 비난받는 것에 대한 팔라르도의 대응이라 할 수 있다. 160년 전 프랑스계 주민들에 대한 부당한 대우에 저항하였던 자유를 향한 외침을 현재의 프랑스계 주민들이 점점 외면하고 있다는 사실에 대한 안타까움의 표현이기도 하다.

다시 영화의 처음으로 돌아가 다음 날 처형될 애국자당 당원들의 시신을 넣을 관을 마차가 싣고 오는 장면을 보면, 앞서 언급한 두 부분인 역사의 미래 투사와 퀘벡의 내부 비판을 합쳐 놓은 것 같은 절규를 들을 수 있다. 처형대를 지나가며 무슨 일이 있었는지를 설명해달라는 아이에게 장의사 아빠는 설명할 수 없다고 대답한다. 하지만 아이는 다시 "해 주셔야만 해요. 제게 얘기를 해 주셔야만 해요"라고 단호하게 응수한다. 역사를 전달해야 할 의무를 가진 아빠는 영어를 할 줄 몰라 경비 초소를 통과할 때 딸에게 통역을 요구할 정도로 순수한 프랑스계를 상징한다. 퀘벡의 기성세대인 프랑스계 아빠는 동시대의 사건을 다음 세대에게 전달할 의무를 가지고 있지만 영화에서 등장하는 아빠는 영국계의 통치에 순응하며 퀘벡의 저항을 위해 목숨을 내던진 동족의 죽음으로 생활을 영위하는 아빠가 된다. 따라서 아빠와 아이의 등장은 팔라르도가 진단하는 퀘벡의 현실을 함축적으로 상징하고 있다. 〈1839년 2월 15일〉보다 30년 전 제작된 〈앙투안 아저씨(Mon oncle Antoine)〉(1971)에서 클로드 쥐트라(Claude Jutra)는 장의사 앙투안을 통해 무기력한 퀘벡의 기성세대를 상징적으로 묘사하였다. 팔라르도는 쥐트라가 느낀 퀘벡에 대한 실망감을 그대로 이어받으며 기성세대를 무능하고 의식 없는 세대로 규정하고 미래의 세대가 애국자당 저항의 정신을 계승하기를 바라고 있는 것이다.

팔라르도가 〈1839년 2월 15일〉에서 전통적인 역사 영화에서 중요시하는 역사 고증보다는 감옥의 일상을 비중 있게 다룬 것은 바로 이러한 이유에서이다. 그에게 역사란 한정된 시점에 박제된 기억이 아니라 현재와의 관계 속에서 되살아나고 현재와 대화를 나눌 수 있는 살아 있는 기억이다. 그렇기 때문에 그의 기억은 대화를 통해서 이루어진다. 액션을 통한 시각적 재현을 포기하고 대화를 통해 관객에게 말을 거는 것이 팔라르도의 역사 재현 전략이라고 할 수 있다. 〈1839년 2월 15일〉은 역사를 시각적으로 보여 주기보다 역사의 의미를 알리고 전승하는 영화의 또 다른 기능을 수행하고 있는 것이다.

역사 재현 : 현재와의 대화

지금까지 살펴보았듯이, 이 영화는 많은 부분에서 기존의 영화와는 다른 면을 가지고 있다. 연대기적인 역사 영화와 달리 철저하게 역사의 이면을 파고듦으로써, 보편사적 시각을 견지하는 기존의 역사 재현 영화의 대척점에 위치한 영화이다. 하지만 그렇기 때문에 오히려 주관적이고 새로운 방식으로 역사의 본질에 접근하려는 사실적인 영화라고 할 수도 있을 것이다.

또 영화적인 측면에서 보자면 할리우드 영화의 규범처럼 되어 버린 선과 악이라는 이분법적 시각으로 역사를 바라보지도 않고, 주인공을 악의 무리에 대항하는 영웅으로 만들지도 않으며, 오히려 상대를 탓하기보다 자성의 목소리를 높이고 있다. 또 스펙터클한 액션을 이용해 역사를 시각적으로 재현하지 않고 오히려 대화나 독백을 중심으로 영상-글쓰기를 시도하는 영화이다.

이러한 팔라르도의 시각은 제2차 세계대전 당시 자행된 나치의 만행을 증언하기 위해 제작한 〈쇼아(Shoah)〉(1985)의 감독인 클로드 란츠만(Claude Lanzmann)이 다큐멘터리에서 보여 준 시각과 교차하는 부분이 있다. 란츠만은 역사를 증언하기 위해 시각적인 유사물을 사용하기를 거부하였다. 그렇기 때문에 그의 영화는 지나간 과거의 현장을 촬영하지 않는다. 현재의 아우슈비츠 이미지를 보여 주며 과거를 증언하는 것은 유사한 것을 내세워 진실을 주장하는 것이고 이러한 행위는 오히려 과거의 기억을 희석시킬 뿐이라는 확신에서

란츠만은 과거의 현장을 보여 주지 않으며 철저하게 생존자의 증언만을 사용해 열 시간이 넘는 다큐멘터리를 제작하였다. 이렇듯 영화를 통한 역사의 재현이란 시각적인 재현으로 제한될 수 없다. 물론 팔라르도가 기존의 방식이 아닌 자신만의 방식으로 퀘벡의 역사인 애국자당 저항을 재현한 것은 경제적인 제약 내에서 가능한 수단을 사용할 수밖에 없었기 때문이기도 하다. 하지만 보다 근본적인 출발점은 재현할 수 없는 것을 유사하게 재현하기 보다는 성찰을 통해 역사적 진실에 접근하고 이를 현재와 공유하겠다는 생각이었을 것이다. 그렇기 때문에 이 영화는 역사를 알려 주는 영화가 아니라 역사적인 사건을, 그 사건의 역사적 의미를 성찰하게 해 주는 영화이다. 그리고 이러한 성찰을 필름에 새기면서 현재의 퀘벡이 애국자당 저항의 의미를 되살게 하려는 시도이다. [박희태]

영화 정보

감독 : 피에르 팔라르도 / 장르 : 역사 비극 / 러닝타임 : 120분 / 개봉 : 2001년 1월 26일

참고문헌

퀘벡학연구모임, 『키워드로 풀어보는 퀘벡 이야기』, 아모르문디, 2014.

Eric Bédard, L'Histoire du Québec pour Les Nuls, Paris, First-Grûnd, 2012.

«Le Cinéma politique de Pierre Falardeau», Bulletin d'histoire politique, vol.19 n° 1; Montréal, VLB Éditeur, 2010.

Christian Poirier, *Le cinéma québécois : À la recherche d'une identité?*, Vol 1, PUQ, 2004.

Le cinéma québécois : Les politiques cinématographiques, Vol 2, PUQ, 2004.

관련 영화

〈Quand je serai parti... vous vivrez encore〉, Michel Brault, 1999.

6. 라콩브의 소설 『아버지의 땅』과
프랑스계 캐나다인들*

프랑스계 캐나다인들과 문학의 역할

최초의 프랑스어 소설[1]이 1837년에 출간된 것에 비추어 퀘벡 문학이 시작되는 것은 19세기 전반부터라고 할 수 있다. 1791년에 제정된 헌법(Acte constitutionnelle)에 의해 캐나다 땅이 영국계의 '상류 캐나다'와 프랑스계의 '하류 캐나다'로 양분된 뒤 하류 캐나다[2]의

---

* 이 글은 2009년 정부(교육과학기술부)의 재원으로 한국연구재단의 지원을 받아 연구된 「파트리스 라콩브의 땅에 대한 이데올로기 ―『아버지의 땅』을 중심으로」를 바탕으로 했다.

1) 가스페 2세(Phillippe-Aubert de Gaspé, fils)의 『보물 탐색가 또는 책의 영향(Le Chercheur du trésor ou l'influence d'un livre)』을 가리킨다.

2) 퀘벡 지방을 가리킨다. 1840년 통합령(Acte d'Union)에 의해 두 개의 캐나다가 하나로 통합되고, 1867년 캐나다 연방이 출범할 때부터 하류 캐나다인들은 자신들을 '영국계 캐나다인들'과 구별하여 '프랑스계 캐나다인들'이라 불렀다. 그 이전에는 스스로를 '영국인들', '인디언들'과 구별하여 '캐나다인들'이라 불렀다.

애국자당이 영국계 정부에 92개 조항의 개혁안을 제시하며 무장 봉기한 반란 및 진압 사건(1837~1838)을 상기해 보면, 프랑스계 캐나다인들3)이 당시 어떤 상황에 처해 있었는지를 파악하기란 그리 어렵지 않다. 그들은 차별 대우를 받는 등 2등 시민으로 전락하게 되었던 것이다. 궁지에 몰린 상황에서 그들은 정치적 독립을 위해 국민적 공동체 의식 확산의 필요성을 절감하는데, 그 결과 자기 정체성을 찾는 일에 눈을 뜨기 시작한다. 애국자당 반란을 진압한 뒤 영국은 캐나다의 정치적 상황을 파악하기 위해 더럼 경을 파견한다. 그는 1839년 본국에 올린 식민지 『더럼 보고서』에서 이 프랑스의 후손들이 하나의 국민으로서의 정신과 마음을 고양시킬 수 있는 것을 모두 상실한, 요컨대 국민적 정체성을 상실한 "역사도 문학도 없는" 민족이라고 설명한다. 따라서 그는 두 개의 캐나다를 통합하고 프랑스계 캐나다인들을 동화시켜야 한다고 건의하기까지 한다. 이에 경각심을 느낀 프랑스계 캐나다인들은 민족주의에 다시 눈뜨기 시작한다.

애국자당 반란이 있기 바로 전인 1837년 4월 10일에 창간된 잡지 『인민(Le Populaire)』은 '캐나다 젊은이들에게'라는 글에서 아래와 같이 호소하는데, 이는 당시 태동하는 퀘벡 문학이 지향해야 할 방향을 제시해 준다.

문학은 민족에게 영광을 가져다준다. (…) 이 나라에는 그렇게 영

---

3) 애국자당 반란의 결과가 가져온 법령이 1840년 통합령이지만, 이 글에서는 애국자당 반란 때 퀘벡 지방에 거주한 프랑스계 사람들을 '프랑스계 캐나다인들'로 부른다.

광스러운 목표를 달성하는 데 부족한 요소라고는 전혀 없다. 종교, 역사, 정치는 활용해야 할 아주 광대한 영역이다. (…) 그러므로 모든 것이 민족 문학에 새롭고 독창적이며, 영웅적이고 매력적이며, 끝으로 숭고한 성격을 각인시키는 데 기여해야 한다.

(Gilles Marcotte, 328~329쪽)

이를테면 문학은 종교와 역사, 정치 등 가능한 모든 요소를 활용하여 프랑스계 캐나다인 공동체의 동질성을 회복하고 민족의식을 자각시키는 데 기여해야 한다는 것이다. 퀘벡 문학의 발생 및 발전은 퀘벡의 자유주의적 저널리즘과 떼려야 뗄 수 없는 관계에 있었던 만큼, 당시 다수 문학 저널의 이와 같은 논조와 호소는 이후 퀘벡 문학이 나아가야 할 방향을 제시하게 된다. 따라서 이후 퀘벡 문학은 프랑스계 캐나다인들의 정체성 추구를 위한 정치적 투쟁 및 역사와 밀접한 관계를 갖는 쪽으로 발전한다. 퀘벡 문학을 이해하기 위해서는 상당 부분 퀘벡 민족의 역사와 정치적 상황, 그리고 정체성 보존의 문제와 연계시키지 않을 수 없는 이유가 바로 여기에 있다.

그러나 생존의 위기에 처한 프랑스계 캐나다인들이 자신들의 동질성 회복을 위해 '문학 조국 건설'을 부르짖고 국민의 영광, 조국의 영예, 국적이라는 조상들의 유산이 막 싹트기 시작하는 퀘벡 소설의 주제를 이루긴 하지만, 아직 기반이 약한 퀘벡 문학은 정신적인 유대의 끈을 놓지 않고 있던 프랑스로부터 도움을 받지 않을 수 없는 처지였다. 그리하여 1830년경부터 볼테르를 비롯하여 샤토브리앙,

파트리스 라콩브

발자크, 위고, 쉬(Sue), 뒤마 등 많은 작가들의 작품이 대거 유입된다. 그런데 당시 프랑스는 낭만주의 시기여서 퀘벡 문학은 프랑스계 캐나다인들이 처한 현실이 아닌 역사와 구전 민담과 민중가요, 전설, 민간 설화, 신화 등에서 소재를 취할 뿐 아니라 상상력에 의해 창조된 환상과 모험이 크게 가미된다.

1846년 파트리스 라콩브(Patrice Lacombe)는 소설 『아버지의 땅(La terre paternelle)』을 발표하는데, 이 작품은 앞서 말한 프랑스 낭만주의의 영향을 거부한다. 프랑스의 영향과 '수입 소설'의 거부를 표명한 파트리스 라콩브의 작품은 명백히 독자적이고 '민족주의적'이다. 이 작품은 7년 뒤에 발표된 피에르 조제프 올리비에 쇼보(Pierre-Joseph-Olivier Chauveau)의 『샤를 게랭(Charles Guérin)』과 함께 퀘벡 문학의 새로운 조류를 형성한다. 프랑스계 캐나다인들의 (농촌) 풍속을 정확하게 충실히 묘사하고자 하는 이 조류는 '농촌 소설(le roman paysan)'이라는 명칭('향토 소설'이라 부르기도 한다)을 얻게 된다. 그리하여 이후로 프랑스 낭만주의의 영향을 받은 문학 조류는 '토종적'이고 민족주의적인 '농촌 소설'

유에 주도권을 빼앗기며, 정치적 메시지를 전파하는 교화적인 이 장르는 다음 세기까지 영향력이 지속된다.

우리는 이 글에서 퀘벡 문학의 제1세대로 퀘벡 문학의 선구자이자 농촌 소설의 창시자인 파트리스 라콩브의 농촌 소설 효시작『아버지의 땅』이 당시 프랑스계 캐나다인들에게 땅에 대해 어떤 메시지를 전하려 했는지, 그 이유는 무엇이었는지 이야기해 보고자 한다.

조상의 땅을 버리고 떠나는 자에게는 비참이 있으리라

어느 날 샤를은 자기 집에서 생산한 농산물을 팔러 시장에 갔다가 심한 비바람으로 귀가하지 못하고 여관에서 저녁을 보낸다. 여관은 젊은이들로 붐빈다. 그들은 상류 지역의 나라들로 가기 위해 '북서해운'과 고용 계약을 맺으러 와 있는 젊은이들이다.[4]

그런데 이 젊은이들 가운데에 쇼뱅 영감의 차남 샤를도 낀다. 샤를이 고향을 등지려는 이 일로 인해 가정에는 불행이 찾아들기 시작한다. 쇼뱅 영감은 네 가족을 거느리고 선조에게서 물려받은 기름진 땅을 경작하며 "평화와 화목과 풍요"(30) 속에서 걱정 없이 살아왔다. 그런데 느닷없이 샤를이 고향을 등지는 일이 일어난 것이다.

앞서 언급한 "상류 지역의 나라들"은 대체로 상류 캐나다와 미국을 가리키는데, 이 작품이 전하고자 하는 땅에 대한 이데올로기를 이

---

4) Lacombe, Patrice, *La terre paternelle*, Bibliothèque québéquoise, 1993, p. 33. 이후 이 작품의 인용은 쪽수만 기재한다.

해하는 데 아주 중요하다. 상류 캐나다는 영국계 캐나다인들이 거주하는 곳으로, 하류 캐나다의 프랑스계 캐나다인들에게는 존속과 정체성을 위협하는 요소가 산재하는 곳이다. 당시 퀘벡은 영국과 미국식 자본주의의 영향을 받아 산업화와 도시화가 이루어지면서, 도시 인구는 급속히 증가하는 반면 농촌 인구는 감소하는 상태에 놓인다. 무엇보다 미국 경제의 괄목할 만한 성장은 많은 퀘벡인을 그곳으로 떠나게 하는 주된 요인이 된다. 그 상황에서 가톨릭의 보수주의 문화를 사회 질서 유지의 틀로 삼으려고 했던 지식인 계층에게는 변화된 대륙 문화, 다시 말해 산업화와 현대화에 박차를 가하고 있던 미국식의 자유주의적 문화는 받아들이기 힘든 것이었다. 이런 문화의 수용은 엘리트의 관점에서 볼 때 자신들이 누리던 농촌 사회를 기반으로 한 봉건적 문화 사회의 해체를 의미하기 때문이다.(정상현의 논문, 516) 퀘벡 주민들이 그들의 농촌 공동체를 떠나는 것은 어느 정도는 불가피한 면도 있겠지만, 받아들이지 않을 수 없는 자극적이고 소비적인 북미 대륙의 혼합 문화(아메리카니테, Américanité)는 그동안의 순수한 문화적 전통과 현대적인 문화 사이의 대립을 유발할 뿐만 아니라 정체성 보존과 영국의 정복을 지연시키는 필사적인 투쟁에도 위협적인 요소가 아닐 수 없었다.

민족주의[5]와 다수 농민, 그리고 가톨릭 교계 제도를 중심으로 한 프랑스 이민자들의 전통과 정체성의 유지 및 수호를 주장했던 자크

---

5) 1837~1838년 애국자당 반란 이후 프랑스계 캐나다인들이 눈을 뜨게 된 새로운 민족주의는 실제로 신앙(가톨릭)과 언어(프랑스어)와 땅을 바탕으로 한다.

『아버지의 땅』 표지

카르티에의 사상과, 이를 바탕으로 17세기부터 바로 그 프랑스에서 건너온 이민자들의 소위 유토피아, 즉 성경의 종교 사상에 근거한 농촌 공동체 사회의 건설을 꿈꾸는 자들(정상현의 논문, 514) 중 하나인 쇼뱅 영감은 상류 지역의 나라로 떠난 차남을 아예 잃은 자식이라 생각하고 큰아들까지도 '잃지' 않을까 잔뜩 겁을 먹고 그를 붙잡아 두기 위해 자신의 땅을 물려주기로 결심한다.

그러나 큰아들 쇼뱅의 행동은 점점 아버지의 기대에 어긋나기 시작한다. 땅을 물려받고 나자 그는 경작을 등한시하더니 급기야는 약속했던 부모의 생활비조차 대지 못하는 지경에 이른다. 그리하여 쇼뱅 영감은 마침내 아들에게 물려준 땅을 되돌려 받기로 결심한다.

당연히 큰아들과의 관계는 전과 같지 않게 되고, 가정 또한 전처럼 행복하지도 화목하지도 않은 상태가 된다. 아들에게 땅을 맡긴 5년은 그에게 "환멸과 좌절"(53)만 안겨 주었고, 그 기간의 휴식은 그에게서 예전의 근면과 열의와 꿋꿋함을 앗아 갔다. 그 외에도, 그 사건은 쇼뱅 영감의 자존심과 체면에 큰 타격을 준다. 그토록 자랑스럽게 여겨지던 농부라는 신분도 이제는 아주 초라하게 느껴지면서 창피스럽기까지 하다. 그리하여 그는 "어리석은 교만에 사주되어"(56) 마침내 조상에게서 물려받은 땅을 떠나기로 결심한다.

척박한 자연과 운명의 질곡에도 굴하지 않는 인내와 용기, 꿋꿋함, 단호한 의지를 가지고 미지의 새로운 땅에서 뿌리내리고자 애써 온 프랑스계 캐나다인(신정아의 논문, 216)인 그는 "이 나라에 파견된 초창기 프랑스 군대의 중사였던 장 쇼뱅"(28)에게서 1670년대부터 대물림되어 온 땅을 결국 포기하고 만다. 그것은 결국 선조들이 전통을 지키며 살아온 터전을 포기하는 일이기도 하다. 차남 샤를이 상류 지역의 나라로 떠남으로써 "300년 전 프랑스를 떠나 퀘벡 땅에 처음 정착한 이들이 가져온 기도와 노래, 따뜻한 마음, 언어, 신앙, 미덕"(신정아의 논문, 221)을 버린 것 같아 두려워했던 그 스스로 이번에는 "프랑스계 캐나다인들을 지탱해 주는 바탕이자 근원이며 (…) '우리'라는 이름으로 불릴 수 있는 공동체"(신정아의 논문, 221)를 버림으로써 마음 깊숙이 뿌리내린 성스러운 책무, 즉 자신의 공동체를 수호해야 할 의무를 져버린다.

우타우에 강과 생로랑 강의 지류가 합류하는 곳에 자리 잡은 아름다운 몽레알 섬(l'île de Montréal). 쇼뱅 영감은 조상 대대로 살아온 고향인 그 섬의 그로 소(Gros Sault)라는 마을을 떠나 상업에 몸을 담는다. 시내에서 물건을 떼다가 파는 사업은 처음에는 성공적이었다. 그리하여 "쇼뱅이라는 이름은 부자라는 말로 통할 정도가 되었다."(57) 마침내 그는 사제나 의사, 공증인에 버금가는 신망을 얻는데 성공한다. 그러나 예기치 못한 적자가 누적됨에 따라 물품 공급자들에게서 재산 압류의 압박을 받기 시작한다. 결국 그는 물품 대금을 갚지 못하고 파산하고 만다. 그리하여 선조들이 아주 오랜 세월 동안 잠들어 있는 땅은 "한 이방인"에게 팔려 무참히 짓밟히고 만다.(58)

'타자'인 '한 이방인'이 갖는 의미는 자못 크다. 그 이방인은 다름 아닌 영국계 캐나다인이기 때문이다. 훗날 차남 샤를이 고향에 돌아와 두근거리는 가슴을 안고 지난날 평화롭던 아버지의 집으로 달려 들어갔을 때 이미 아버지의 집과 땅을 차지한 외국인의 입에서 흘러나오는 '타자'의 언어는 그를 몹시 당황하게 만든다. 그것은 프랑스어가 아닌 영어였기 때문이다.(74)

아버지의 집에 거만하게 앉아 있는 그 외국인의 입에서 흘러나오는 '지배자의 언어'에 그는 프랑스계 캐나다인으로서 고통과 분노에 찬 모욕감을 느끼지 않을 수 없었을 것이다. 그것은 다름 아닌 이런 이유 때문이다. 캐나다와 미국의 대도시로 이주해 간 대다수의 프랑스계 캐나다인들은 화려한 도시의 그늘에서 도시 빈민으로 여전히 영국계 식민 지배자들 아래서 힘들고 고단한 삶을 영위한다. 농촌을 떠나 도시로 들어간 프랑스계 캐나다인들은 필연적으로 언어의 단절이라는 문제에 부딪힌다. 즉 도시의 삶을 선택한다는 것은 프랑스어권 캐나다인들에게 모국어인 프랑스어를 버리고 지배자의 언어이자 도시의 언어인 영어를 선택하는 것을 의미한다. 영어권 화자들 속에 고립된 프랑스어권 화자의 삶은 천형과도 같은 것이다.(신정아의 논문, 214)

아버지의 집에 거만하게 앉아 있는 외국인, 그는 분명 아버지의 땅을 짓밟은 영국계 캐나다인이다. 따라서 작가는 프랑스계 캐나다인들이 조상의 땅을 버리고 떠날 때 초래될 수 있는 끔찍한 결과를 웅변적으로 보여 주며 경고하고 있다.

파산한 쇼뱅 영감은 가족과 함께 비참하게 살아간다. 그는 가족과 도시로 도피하여 큰아들과 짐수레로 물장사를 하며 근근이 배고픔을 달래지만, 이 직업은 "인간이면 누구든 낯부끄러워하지 않고는 하지 못하는 가장 비천한 직업 가운데 하나"(61)여서 그는 수치심에서 자유롭지 못하다. 설상가상 짐수레를 끄는 말 중 하나의 다리가 부러져 한 마리를 다시 사야 할 입장에 처하자 그는 더욱 궁핍해진다. 아내와 딸 마르그리트는 달리 방법이 없어 빈민 구호소의 도움을 구하지 않을 수 없게 되는데, 그들은 그것에 큰 모멸감을 느낀다.

10년 동안의 비참과 불행은 급기야 큰아들이 목숨을 잃는 것에서 절정을 이룬다. 쇼뱅 영감은 교회를 찾아 아들을 공동묘지에 묻어 줄 것을 부탁하지만, 장례 책임자인 교회지기는 그에게 돈을 요구한다. 돈이 없는 쇼뱅 영감은 아들의 주검을 결국 시체 안치소에 유치하지 않을 수 없게 된다. 아들의 주검을 땅에 묻어 주지 못한 쇼뱅 영감은 통한의 눈물을 흘리며 서둘러 그곳을 빠져나온다. 조상에게서 물려받은 땅을 떠나지 않았더라면 그는 넉넉한 고향 마을 교구의 공동묘지에 아들을 묻어 줄 수 있었을 것이다. 이는 조상의 땅을 떠난 자는 자신뿐 아니라 사랑하는 자식의 시체를 묻을 곳조차 박탈당할 수 있다는 작가의 엄격한 경고라 할 수 있을 것이다.

가난과 비참, 나아가 아들의 주검조차 땅에 묻어 주지 못하는 쇼뱅 영감의 비통은 조상의 땅을 떠난 행위에 대한 냉엄한 대가로, 가히 지옥에 처해지는 천벌을 상기시킨다. 차남에서 시작되어 큰아들 그리고 마침내는 자기 자신까지 조상의 땅을 등짐으로써 쇼뱅 영감의 가족은 그에 대한 대가를 크게 치른다. 그 대가란 곧 비참이다. 누가 됐든 조상에게서 물려받은 땅을 버리고 떠날 경우 이 같은 비참에 빠지게 된다는, 땅에 대한 이런 메시지는 개인적인 차원에 그치지 않는다. 그것은 가톨릭과 프랑스어에 기초한 프랑스계 캐나다인들의 농촌 공동체로까지, 나아가 민족 전체로까지 확대 적용된다. 그 비참의 절정은 '타자'에 의한 정복으로 '조국'을 상실하는 단계일 것이다.

조상의 땅을 지키는 자에게는 복이 있으리라

고향에 돌아온 차남 샤를은 부모와 여동생을 비참에서 구한다. 타지에서 큰돈을 번 그는 그 '외국인'에게서 아버지의 땅을, 즉 조상의 땅을 다시 사들인다.

사실 작가가 전파하려 한 땅에 대한 이데올로기대로라면 고향을 떠나지 않고 조상에게서 물려받은 땅을 경작하는 자만이 풍요의 행복을 누릴 수 있다. 그런데 샤를은 땅을 떠났으며, 15년 가까운 세월

을 타지에서 보낸 뒤 큰돈을 벌어 돌아온다. 이는 작가가 전하고자
한 땅에 대한 메시지와는 상반되는 것으로, 자기모순이라 할 수 있
다. 그가 고향 땅을 떠나면서부터 가정이 붕괴되기 시작한 점을 고려
하면, 작가가 빠진 이 모순은 더욱 이해하기 어렵다. 이 점에 대해 좀
더 이야기해 볼 필요가 있을 것 같다. 샤를이 '아버지의 땅'에 다시 돌
아왔을 때의 모습은 매우 건강하고 강건하다. 젊음이 더욱더 흘러넘
친다.(75)

쇼뱅 영감의 친구인 다니 노인은 샤를의 이 같은 모습을 보자 젊었
을 때 자신의 모습과 똑같다고 딸 마리안에게 말하면서 대견스러워
한다. 작품 속 화자의 말에 의하면, 이른 살가량의 다니 노인 역시 젊
었을 때 돈을 벌기 위해 '북서 해운'의 선박을 타고 '상류 지역의 나라
들'의 강과 대양을 편력했다.(68) 그러니 샤를도 다니 노인처럼 북서
해운의 선박을 타고 상류 지역의 나라들의 강과 대양을 가로질렀던
것이 틀림없다. 그러나 다니 노인은 큰돈을 벌어 돌아온 샤를과는 달
리 겨우 먹고살 정도의 연금만 받고 있다.(68)

그런데 샤를은 고향을 완전히 등진 것이 아니라 상류 지역의 나라
들에서 돈을 벌어 돌아와 '아버지의 땅'을 다시 사들여 경작을 함으로
써 이전의 가족의 행복을 되찾는다. 바로 이런 이야기 구조에서, 만
족스럽지는 않지만 작가가 전하고자 한 땅에 대한 메시지의 일관성
을 수용할 수밖에 없을 것 같다.

어쨌든 샤를은 다시 사들인 아버지의 땅에서 가족과 함께 행복하
게 살게 되는데, 농촌의 맑은 공기를 마시며 건강을 회복한 쇼뱅 영

감의 가정에서 새어 나오는 "행복의 빛"(78)은 이웃까지 비추어 행복을 느끼게 한다. 그의 가족은 땅을 떠나기 전의 여유와 풍요와 기쁨과 행복을 고스란히 되찾는다.(80쪽) 결혼한 딸 마르그리트가 부모의 품에 손자들을 안겨 주는 것을 제외하면, 이 상황은 차남 샤를이 집을 떠나기 전 쇼뱅 영감의 가족이 누리고 있던 상황과 다름이 없다. 그 가정에서는 "기분 좋은 질서와 여유"(29), 평화와 화목, 단결, 그리고 풍요가 넘쳐났었다. 가족은 조상에게서 물려받은 땅을 경작하면서 평온하고 평화롭게 살았었다. 그들은 그 땅 위에 세워진 이상적인 농촌 공동체 안에서 천복을 누리며 살았었다.(30쪽)

매력적인 그 땅에서는 "아버지와 어머니는 각기 들에서 가정에서 열심히 일을 하고, 또 검소하게 생활함으로써 자식에게 모범이 된다. 아이들은 아이들대로 최선을 다해 부모를 돕는다. 정성들여 일구고 씨앗을 뿌리는 농부에게 땅은 수백 배의 수확을 가져다준다. 가축을 돌보고 곡식으로 살찌우는 것, 옷감을 손수 짜는 것, 그리고 생필품을 마련하는 것이 가정의 하루의 일과다."(29) 선조들이 일군 땅을 사랑하고 땀 흘리며 경작하면서 살아가는 단순한 삶. "인종과 인내력으로 큰 역경들을 이겨 내는, 오만과 허영심을 모르고 유복함과 운명을 향유하는, 온화한 품성과 성격을 가진 종교적이고 성실한 땅의 아들"(80)로서 평화롭게 살아가는 삶. 쇼뱅 영감과 가족의 그와 같은 복된 삶은 조상의 땅에 머무는 자들에게 '언약된' 삶이다. 이 삶은 천국에서 누리는 천복을 상기시킨다. 또한 이 삶은 자크 카르티에가 퀘벡 땅을 탐험한 이후 17세기부터 프랑스에서 생로랑 계곡에 이주해 온 이민자들이 꿈꾸어 온 세계, 곧 가톨릭에 기초하여 건설하고자 한 유토피아적인 농촌 공동체 사회를 상기시킨다.

이처럼, 작가가 전하고자 한 땅에 대한 메시지는 조상의 땅에 머무는 자에게는 복된 삶이 약속되어 있다는 것이다. 그것은 물론 프랑스계 캐나다인들의 공동체적 운명으로까지 확대 적용된다. 이를테면 가톨릭 신앙과 프랑스어, 그리고 '아버지의 땅'에 기초한 농촌 공동체 사회의 건설과 보존이야말로 위기에 처한 그들을 하나로 묶을 수 있는 동질성의 회복 및 정체성의 유지 보존을 위한 확실한 길이며, "정치적 혹은 사회적으로 피지배자로서의 삶과 정복당한 민족으로서의 지위를 스스로 받아들이고 기꺼이 그것을 감내하면서 문화적 전통을 지켜 내고 민족의 정체성을 유지할 수 있는 존속의 전략"(신정아의 논문, 221)이라는 것이다.

프랑스계 캐나다인들의 정체성 추구

1791년 제정된 헌법에 의해 캐나다 땅이 영국계의 상류 캐나다와 프랑스계의 하류 캐나다로 양분되고, 하류 캐나다의 애국자당이 영국계 정부에 92개 조항의 개혁안을 제시하며 일으킨 무장봉기 및 그 진압 사건(1837~1838)이 일어나는 등 퀘벡의 19세기는 '캐나다인'이 '프랑스계 캐나다인'으로 태어나는 시기였다. 따라서 그들을 하나로 묶어 주는 동질성의 회복을 위한 시학이 절실히 필요했다. "국적을 성립시키는 것은 국경도 법도 정치적 행정권도 시민적 행정권도 아닙니다. 그것은 한마디로 종교요, 언어요, 국민성입니다. 우리가 영국 정치인의 관점에서 존중받을 대단한 그 무엇이라면, 우리가 바로 가톨릭을 믿고 프랑스어를 말하기 때문입니다"(정상현의 책, 24)라고 호소한 부르제 주교의 이 말은 당시 프랑스계 캐나다인들이 벌이기 시작한 문학 운동의 역사적 배경을 잘 설명해 준다. 부르제 주교의 호소가 암시하듯이, 이후 퀘벡 문학은 프랑스계 캐나다인들의 정체성 추구를 위한 정치적 투쟁과 밀접한 관계를 맺으며 발전한다.

우리는 지금까지 프랑스의 영향과 '수입 소설'을 거부하고 독자적이고 '민족주의적'인 성향을 추구한 퀘벡 문학의 새로운 조류의 수장이자 '농촌 소설' 장르의 창시자인 파트리스 라콩브의 작품 『아버지의 땅』이 당시 프랑스계 캐나다인들에게 땅에 대한 어떤 정치적 메시지를 전하려 했는지를 살펴보았다. 그것은 조상의 땅을 떠나는 자에게는 비참이, 반면 조상의 땅을 지키는 자에게는 복됨이 약속되어 있다는 것이다. 작가는 자신의 메시지 속에 또 다른 정치적 메시지를 전하는데, 프랑스계 캐나다인들에게 조상의 땅을 떠나는 일은 그들을 결합해 주는 전통과 정체성을 잃게 만들어 결국에 가서는 '조국'까지 빼앗기게 할 수 있는 반면, 땅을 지키는 일은 정체성의 보존과 '조국'의 수호를 위한 확실한 보증이라는 것이다. 이를테면 가톨릭과 프랑스어를 중심으로 한 프랑스계 캐나다인 공동체의 집단적인 안위와 운명 그리고 정체성의 보존을 담보해 주는 것은 조상으로부터 물려받은 땅을 떠나지 않는 일이라는 것이다.

작가는 실제로 땅에 대한 이 메시지 전파에 큰 성공을 거둔다. 이 작품은 "거의 백 년 동안 퀘벡 민족을 지배하게 될 최초의 문학적 선언"(21쪽)이라는 평가를 받았다. 그러나 작가의 메시지는 분명 소극적이며 보수적이다. 실제로 퀘벡의 역사에서 '존속'의 전략은 때로 영국계 캐나다인들의 정치적 지배를 용인하는 대신 프랑스어와 가톨릭 신앙의 유지를 얻어 낸 소극적인, 나아가 비굴한 타협으로 치부될 수도 있다. 그러나 달리 생각하면 오늘날까지 퀘벡이 북미 영어권의 바다 속에서 유일한 프랑스어권 섬으로 남을 수 있었던 것은 그 같은 타협의 결과 덕분(신정아의 논문, 222)이기도 할 것이다. 어쨌든 땅에 대한 작가의 이 메시지는 탈종교화를 제시하며 보다 자유주의적이고 진보적인 정치 세력이 등장하여 퀘벡의 정체성을 추구하기 시작한 '조용한 혁명기'에 이르기까지 프랑스계 캐나다인들의 정체성 유지와 보존에 크게 기여한 것만은 사실이다. '조용한 혁명기'에 이 세력들, 특히 급진적인 지식인들은 '프랑스계 캐나다인'의 정체성 개념은 열등한 민족에 속하는 의미임을 깨닫기 시작했다. 그래서 그 말을 포기나 상실, 비개성, 비문화, 소수파적 위상 등의 상징으로 간주하고 퀘벡 시 주민을 일컫는 퀘벡인(Québécois)을 자신들의 명칭으로 선택하여 스스로를 퀘벡인이라 불렀다. [김중현]

참고문헌

신정아, 「루이 에몽의 『마리아 샵들렌』 연구 ─ 등장인물들의 알레고리적 독서를 중심으로」, 『외국문학연구』, 제37호, 2010.
정상현, 『퀘벡 소설의 이해』, 고려대학교출판부, 2007.

_____, 「거부된 아메리카니테Américanité: Maria Chapdelaine」, 『불어불문학연구』, 제68집, 2006.

한대균, 「퀘벡의 저널리즘과 문학 — '영국 정복'(1760)부터 '조용한 혁명'(1960)까지」, 『불어불문학연구』, 제67집, 2006.

Jacques Allard, *Le Roman du Québec*, Québec Amérique, 2000.

Kim Joong-hyun, "Rôles des intellectuels à l'époque de la 'Révolution tranquille'", *Etudes Québécoises*, No. 2, Association Coréenne d'Etudes Québécoises, 2008.

Patrice Lacombe, *La terre paternelle*, Bibliothèque québéquoise, 1993.

Mailhot Laurent, *La littérature québéquoise depuis ses origines*, TYPO, 1984.

Michel Laurin, *Anthologie de la littérature québéquoise*, CEC, 2001.

Gilles Marcotte, *Anthologie de la littérature québéquoise*(T.1), l'Hexagone, 1994.

7. 20세기 초 퀘벡의 자화상
— 영화 〈오로르〉를 중심으로

오로르 가뇽 사건

2005년 여름 퀘벡 몬트리올의 영화관과 거리에는 어린 소녀의 얼굴이 클로즈업된 개봉작 영화 포스터가 여기저기 붙어 있었다. 영화 제목은 〈오로르(Aurore)〉, 소녀의 얼굴은 주인공 오로르 역을 맡은 마리안 포르티에(Marianne Fortier)였다. 포르티에는 공개 오디션에서 수많은 경쟁자들을 물리치고 캐스팅된 퀘벡 출신의 아역 배우다. 영화의 시나리오를 쓰고 감독한 사람은 뤽 디온(Luc Dionne)이며, 그 밖에 엘렌 부르주아 르클레, 세르주 포스티고, 스테파니 라포앵트 등이 출연했다.

뤽 디온은 퀘벡 주정부에서 행정 업무를 담당하던 공무원 출신으로 1996년 첫 시나리오인 〈오메르타(Omerta)〉로 수상했으며 다양한

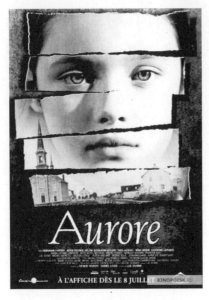
릭 디온의 영화 〈오로르〉의 포스터

티비 시리즈물을 집필한 작가 경력의 감독이다. 그는 2005년 자신의 시나리오 〈오로르〉를 직접 감독하면서 영화감독으로 데뷔한 셈이다. 〈오로르〉의 성공은 릭 디온의 이름을 널리 알렸는데, 리틀 모차르트라고 불리는 천재 피아니스트 앙드레 마티유의 삶을 그린 영화 〈앙드레 마티유(L'Enfant prodige)〉(2010)도 호평을 받은 그의 감독작이다. 아무튼 영화 〈오로르〉는 개봉하자마자 70만 명 이상의 많은 관객을 모으며 퀘벡 박스 오피스에 기록을 남기게 된다.

〈오로르〉는 퀘벡 과거사의 어두운 단면을 투영한 영화로, 이미 여러 번 소설, 연극, 영화를 통해 소개된 적이 있는 실화에 바탕을 두었다. 영화의 모티브가 된 사건은 1920년 2월 12일 오로르 가뇽(Aurore Gagnon)이라는 열 살짜리 소녀가 새엄마의 끔찍한 학대로 사망한 실제 사건이다.

어린 시절은 많은 사람들에게 행복한 기억이다. 그러나 어떤 이에게는 끔찍하고 고통스런 기억일 뿐이다. 1900년대 초 퀘벡의 작은 마을에서 태어난 어린 소녀 오로르 가뇽에게 어린 시절은 지옥 그 자체였고, 결국 소녀는 이 땅의 순교자가 되어 하늘나라에서 엄마와 해후하게 된다.

오로르 가뇽(세례명 마리 오로르 뤼시엔 가뇽)은 텔레스포르 가뇽과 그의 첫 부인 마리 안 카롱 사이의 둘째 딸이다. 오로르의 부모는 1906년 결혼했으며 아버지 텔레스포르는 퀘벡 남동 지역의 작은 마을 생트필로멘 드 포르티에빌의 윤택한 농부다. 그는 마을 동쪽 초입 부분의 땅을 소유하고 있고 1920년에 만 불의 재산이 있다고 알려져 있었다.

가뇽의 첫딸인 마리 잔은 1907년 8월 11일에 태어났다. 그리고 오로르(1909), 조르주(1910), 조제프(1915)가 연이어 태어났다. 그런데 막내를 출산한 후 얼마 안 있어 엄마 마리 안 카롱이 병에 걸린다. 의사들은 폐결핵으로 진단했다. 엄마의 와병으로 텔레스포르의 사촌의 미망인 마리 안 우드가 아이들과 집을 돌보기 위해 텔레스포르의 집으로 급히 이사를 한다. 서른 살가량의 마리 안 우드는 두 아이 제라르와 조르주 앙리의 어머니였다. 그런데 그녀의 도착 이후 계속되는 비극이 가뇽가를 덮친다. 우선 텔레스포르의 막내인 두 살 조제프가 침대에서 죽는 사건이 일어난다. 이어 1918년 1월 마리 안 카롱이 보포르의 요양원에서 폐결핵으로 사망한다.

혼자서 농가와 아이들까지 신경 쓸 수 없던 텔레스포르는 상처한 지 일주일 후 마리 안 우드와 서둘러 재혼을 한다. 아이들은 몇 달 동안은 이웃 읍인 르클레르빌의 외갓집에서 살다가 1919년 여름 아버지 집으로 와서 살게 된다. 이때부터 6개월 동안 이어지는 오로르의 순교자의 삶이 시작된다. 새엄마 마리 안 우드는 어린 오로르에게 강제로 비누를 먹이고 머리카락을 마구 자르는 등 잔인한 육체적 학대를 일삼았다. 화덕불에 아이의 발을 강제로 갖다 대어 심한 화상을 입히기도 한다.(영화에서는 어느 날 아이를 의자에 묶어 놓고 벌겋게 달아오른 인두로 발에 심한 화상을 입힌다.) 오로르는 가을에 오텔디외드퀘벡 병원에 입원해야만 했다. 그러나 퇴원 후에도 계모의 학대는 반복되었다.

마침내 1920년 2월 12일, 오로르는 어린아이가 결코 견딜 수 없었던 끔찍한 학대의 결과로 사망한다. 부검 결과 두개골에서 가장 심각한 부상이 발견된 것 외에도 살이 벗겨져 뼈까지 드러난 손과 손목, 피와 고름으로 가득한 머리 피부, 부풀어 오른 엉덩이 등 어린아이의 몸에서 54개나 되는 치명적인 부상이 발견되었다. 장례식은 포르티에빌의 신부 페르디낭 마세에 의해 2월 14일 열렸다. 장례가 끝나자마자 계모 마리 안 우드는 교수형 선고를 받고 수감되었다.

오로르 사건은 재판 과정에서 당시 많은 이들에게 관심과 논쟁을 불러일으켰다. 논쟁이 이어지는 동안 사람들은 인간의 위선과 음모를 읽을 수 있었다. 그리고 가족, 마을 사제를 포함한 주변 이웃의 소극적인 태도가 아이의 사망과 무관하지 않았다는 것을 인지했다.

처음에 재판에서 마리 안 우드 가농은 죄가 없다고 주장했다. 그렇지만 여러 증언과 증거가 나옴으로써 결국 교수형을 선고받았다. 그런데 형 집행 전인 1920년 7월 8일 그녀는 감옥에서 임신을 했고 남녀 쌍둥이를 출산했다. 쌍둥이의 출생으로 동정 여론이 일어 그녀는 교수형 집행일 이틀 전인 1920년 9월 20일 무기징역형으로 감형되었다. 그녀는 5년 동안 복역하던 중 1935년 7월 암이 발병해 출소했고 이듬해 5월 사망했다.

오로르의 아버지 텔레스포르 가뇽도 과실치사죄로 무기징역형을 선고받았다. 그러나 모범수로 단지 5년의 형을 살고 1925년 출소했다. 출옥 후 고향으로 돌아간 그는 이전의 생활을 이어 갔다. 그리고 1936년 마리 안 우드의 사망 후 다시 재혼했고 1961년 사망하였다.

1900~1920년 퀘벡의 정치, 사회적 상황

이 사건이 일어난 20세기 초는 캐나다연방제 시기, 즉 하나의 국적이지만 영국계 캐나다인과 프랑스계 캐나다인이 서로 나뉜 상태로 통합을 이루고 있던 시기다. 1896년에서 1911년까지는 자유당의 로리에(Wilfred Laurier) 수상이 집권했고 1911년에서 1920년은 보수당의 보든(Robert Laird Borden) 수상이 집권했다. 이 시기에 프랑스계 캐나다인으로 존재했던 퀘벡인들은 다수의 영국계 캐나다인들에 비해 여러 상황이 상대적으로 열악했다. 따라서 긴장과 갈등 속에서 프랑스계 캐나다인으로서의 자긍심을 갖지 못한 채 정체성조차 불안했던 시기다. 그래서 이 시기는 퀘벡 역사에서 '대암흑기(La grande Noirceur)'라 불리는 시대에 속한다.(퀘벡의 역사에서 1840~1960년은 프랑스계 캐나다인의 시기로 일컬어진다. 그중 1867~1960년까지를 대암흑기로 부른다.)

1867년 노바스코샤, 뉴브런즈윅, 퀘벡, 온타리오 4개 주가 처음으로 연방을 구성할 때 프랑스계 캐나다인들은 연방에 참가하는 조건으로 자신들의 종교와 언어와 문화를 유지하도록 보장받았다. 그러나 1870년 연방에 합방된 후 프랑스어 사용을 보장받았던 매니토바에서 1890년부터 프랑스어 사용권이 폐기되었고 1912년에는 온타리오에서도 프랑스어 사용권이 폐기되었다. 이 같은 상황에서 프랑스계 캐나다인들은 퀘벡에서만 그들의 문화가 안전하다고 느꼈다.

　또 이 시기는 무엇보다 가톨릭이 퀘벡의 사회를 지배하던 시기이기도 하다. 가톨릭 신앙 속에서 보수적이고 전통적인 사회를 지키는 것이 신교도들이 중심이 된 소위 근대화를 말하는 영국계와 맞서는 일이라고 판단하였기 때문이다. 그러나 결국 가톨릭이 지배하는 사회는 교권주의를 초래하고 퀘벡의 근대화에 걸림돌이 되는 부정적인 결과를 가져오기도 한다.

　1900년대 캐나다는 도시화된 국가로 급성장했고 도시로 많은 사람들이 몰리기 시작하였다. 그런 가운데 세계 제1차 세계대전이 일어났고 전쟁 참여로 많은 희생자가 생겼다.

　대전이 시작되었을 때 프랑스계 젊은이들도 군에 많이 자원했고 많은 전과를 세웠다. 그러나 병력 손실을 감당할 수 없자 정부는 징병 제도를 관철하려 했고, 이에 영국계 캐나다인보다 프랑스계 캐나다인들이 더욱 반발하였다. 모두에게 껄끄러운 이 문제를 두고 영국계 캐나다인들이 프랑스계 캐나다인들을 무시한 것이 반발에 한몫을 하였다. 또 프랑스계 캐나다인들은 유럽의 전쟁에 자신들이 영국을 구할 것을 강요당하고 있다고 생각했다.

한편 전시 동안 선박, 병기, 탄약에서 군복, 군화 담요까지 군수 산업이 호황을 누렸다. 농촌에서도 밀 수요가 급증하였다. 그러나 물가는 두 배로 상승했다. 1916년까지는 물가가 그다지 높지 않았으나 1917년이 되자 걷잡을 수 없이 높아졌다. 임금은 치솟는 물가를 따라 잡을 수 없었기에 많은 노동자들이 파업에 가담을 했고 폭동도 일어났다. 결국 1920년대 초까지 캐나다는 경기 침체를 겪었다.

19세기 말부터 캐나다는 여러 가지 사회 개혁을 시도하였다. 그 일환으로 캐나다전국여성연합회가 발기되고 여성 운동이 시작되었지만, 20세기 초까지만 해도 캐나다에서 여성과 아동의 인권은 보호받지 못하였다. 여성 차별이 심해 1920년에야 여성들에게 투표권이 부여되었다. 특히 가톨릭 사회가 지배하던 퀘벡에선 보수적인 전통이 사회 개혁의 걸림돌이 되었다.

1920년의 생트필로멘 마을

오로르 사건이 일어난 포르티에빌의 생트필로멘(교구) 지방 행정구는 퀘벡에서 약 70킬로미터 떨어진 곳으로, 생로랑 강의 남쪽 기슭에 위치해 있다. 생트필로멘은 아주 작은 마을로, 이전부터 내려온 부르주아적 마을이 아닌 근래에 식민지화된 마을이라 할 수 있다.

1920년 퀘벡의 마을에 사는 농부들은 오늘날보다 매우 험하고 고된 삶을 영위했다. 교육 수준도 상당히 낮았던 것으로 보인다. 당시 부모로서의 의식, 특히 아버지의 의식은 지금과 현격히 차이가 났다. 아이의 교육을 위한 체벌이 사회적으로 그다지 비난받지 않았던 편이다. 퀘벡에서 체벌은 최근 20년 사이에야 비난의 대상이 되었다.

마을의 사제는 사회, 도덕적 권위를 지닌 지도자였다. 사제는 가족 사회의 사적인 특징과 부성적 권위 및 우월성을 교육하였다. 필요시 교리 교육을 위해 아동에게 체벌도 하였다. 오로르 사건이 일어난 포르티에빌의 마을 사제가 잘못에 대하여 알면서도 침묵하였던 것은, 그 당시 사제의 보편적인 태도였다. 사제는 오로르를 여러 번 만났지만, 오로르에 대한 학대를 그치게 하기 위해 아무것도 하지 않았다. 그는 침묵이 도덕적, 신체적 혹은 성적 악습에 관계될 때 그 악습의 공범자 역할을 한다는 것을 간과했다.

오로르는 부모의 학대로 죽은 처음 아이도 마지막 아이도 아니다. 이 사건의 재판 당시 퀘벡 신문들은 계모와 아버지에게 학대받은 뉴욕의 소녀 미니 갈렌더 이야기를 다루기도 했다.[1] 물론 오늘날에도 여전히 유사한 사건들이 발생하고 있다.

하지만 오로르 사건이 다른 많은 사건들과 구별되는 점은, 무엇보다 이 사건의 영속성이다. 사건이 일어났을 때 그것을 은폐하였던 커다란 침묵만큼이나, 이 사건은 계속해서 유명세를 탔다. 물론 사건에 대한 관심이 너무 늦은 감이 없지 않다. 그럼에도 불구하고 오로르의 비극은 하나의 사건 이상이 된다. 그것은 상징적이고 근원적인 역사

---

1) *La Presse*, 1920년 4월 13일자, 7.

며 그들의 자화상이었기 때문이다.

전설이 된 오로르 이야기

오로르 사건은 두 명의 연극배우 앙리 롤랭과 레옹 프티장에게 영감을 불러일으켰다. 그들은 〈어린 순교자 오로르(Aurore, l'enfant martyre)〉라는 제목으로 오로르 사건의 실화에 바탕을 둔 연극 작품을 쓰게 된다. 연극은 1921년 1월 21일 알카자르 드 몽레알 극장에서 첫 상연되었고 매우 성공적이었다. 이후 연극은 몬트리올 내 5개 극장에서 공연된 후 퀘벡 내 순회공연을 넘어 온타리오 주 및 다른 대서양 지역까지 순회공연을 이어 갔다. 25년 동안 이 연극은 6천 회 이상 공연되었다. 관객 수는 18만 명을 넘은 것으로 추측된다. 그러는 동안 계모 배역으로 여러 명이 캐스팅되었고 오로르 역할은 테레즈 매키농이 주로 맡았다.

1950년에도 연극의 성공은 여전했다. 이에 캐나다영화연합회의 제작자들이 이를 영화화하기로 결정하고(1951년 영화 산업에 경험이 많은 재정가 드세브는 이 영화를 만들기 위해 캐나다영화연합회를 창설한다) 연출을 장 이브 비그라(Jean-Yves Bigras)에게 맡긴다.

시나리오는 에밀 아슬랭(Emile Asselin)이 소설을 원작으로 해 다시 쓴다. 제쥐 섬의 작은 마을 생트도로테에서 영화가 촬영되었다. 연극 무대에서 오랫동안 어린 오로르 역할을 했던 테레즈 매키농은 영화에서 오로르의 친엄마 역할을 맡았다. 계모 역은 연극에서 같은 역할을 했던 루시 미첼이, 아버지 역은 폴 데마르토가 맡았다. 영화는 1952년 4월 25일 생드니 극장에서 개봉되었다. 장 이브 비그라가 만든 이 영화는 연극의 이야기를 모티브로 하고 있으므로 마찬가지로 실화에서 많이 벗어나지 않는다. 제목도 기존의 연극처럼 〈어린 순교자 오로르(Le Petite Aurore, l'enfant martyre)〉이다.

이 영화는 퀘벡 영화로는 처음으로 전 좌석 매진의 흥행을 이루었다. 1953년 1월까지 수입이 10만 불을 넘었다. 그런데 관객들은 이 영화를 보고 당혹감을 감추지 못했다. 영화관 안에서의 관객들의 반응을 본 롤랑 코테는『르 카나다』지에서 "관객들이 보이는 그러한 반응이 스크린에서 전개되는 영화 내용보다 훨씬 더 흥미롭다"[2]라고 썼다. 이후 영화는 8개국 언어로 번역되어 외국 시장에서도 큰 관심을 모은다.

마르셀 장은 비그라의 영화 〈어린 순교자 오로르〉에 대하여 "퀘벡 역사를 상징하는 영화로 볼 수 있다. 도날다[3]처럼 오로르 역시 고통을 상징하는 미덕의 화신이다. 그녀는 하늘나라에서 자신의 어머니를 만날 수 있으리라 믿으며 말없이 순교를 받아들인다. 이 영화에 흠씬 배어 있는 사도마조히즘과 성적 억압은 당시의 퀘벡 사회에 관해 많은 것을 말해 준다. 종교의 영향이 깊이 배인 문화, 죄의식에 바탕을 둔 정신세계, 숙명론, 그리고 특히 지상의 온갖 굴욕들을 정당화시키는 천국이라는 저 너머 세계에 대한 희망 등을 이 영화에서 발

---

2) 마르셀 장,『퀘벡영화』, 이지순 역, 수수꽃다리, 2005, 42쪽.

3) 영화 〈한 남자와 그의 원죄(Un homme et son péché)〉의 여주인공.

장 이브 비그라의 〈어린 순교자 오로르〉(1952)의 한 장면

견하게 되는 것이다. 오로르의 아버지—수동적이고 늘 집을 비우며 자식에게 무심한—로 나오는 인물은 차후의 모든 퀘벡 영화들에서 맥없는 존재로서의 아버지의 위치를 예고하고 있다"[4]라고 평한다.

1950년대의 사회적 낭만주의

장 이브 비그라의 〈어린 순교자 오로르〉가 개봉된 1952년 당시는

---

4) 같은 책, 42쪽.

전통적인 가치들이 무너지던 때이며, 지방에 살기를 거부하는 주거 문화로 인해 퀘벡이 거대하게 도시화되던 시기이다.

이 영화가 만들어진 시점과 연관 지어 영화를 해석한 사회심리학자 와인만(Weinmann)은 비그라 감독의 이 영화를 "프랑스계 캐나다인들의 과거사에 대한 상상의 투영이며 퀘벡 민족의 가족 소설 압축본이다"라고 정의한다. 그의 말대로 영화에서의 사악한 계모 이야기는 결코 남의 이야기로 치부될 수 없는 그들의 과거사의 일부였다.

또 와인만의 말대로 1952년은 뒤플레시(Maurice Duplessis) 정권이 부패로 치닫던 암울한 시기이자 퀘벡인들의 대암흑기에 속하는 때였으므로, 당시 관객들이 순교자의 상징이 된 오로르에 대하여 심적으로 동조했을 것이다. 즉 관객들은 악한 계모로부터 초래된 총체적 불행에서 자신들의 대암흑기를 상기하고, 주변의 무지와 침묵의 결과로 순교자가 된 어린 오로르에게 먹먹한 감정을 느꼈을 것이다. 그 시대는 일종의 사회적 낭만주의(romantisme sociologique)의 분위기에 젖어 있던 시기였다.[5]

뒤플레시와 국민연합(L'Union nationale)은 지난 30년간의 사건들을 겪으며 아무것도 보지 못했다. 1920년대의 오로르 사건과 뒤플레시의 시대, 이 둘은 반계몽주의라는 시대정신과 맞닿아 있는 셈이다. 그것이 1950년대 이 영화가 만들어지고 성공을 거둘 수 있었던 이유이다.

---

5) Jean Gaudreau, «Aurore, l'enfant martyre. Essai sur la violence faite aux enfants», *Santé mentale au Québec*, vol. 17, n.1, 1992, p. 63-64 참조.

뤽 디온의 〈오로르〉가 지니는 시사성

근래에도 아동학대로 인한 사망 사건이 여러 곳에서 기사화되어 우리를 경악하게 한다. 이 영화가 다시 만들어진 이유도 그것이라고 뤽 디온 감독은 말한다. 그는 이 영화를 많이 각색하지 않았다. 우리가 결코 이 역사적 사건을 잊어서는 안 된다는 생각으로 영화를 만들었기에 많은 각색이 필요하지 않았다고 한다.

영화의 내용이 대부분 실화와 일치하지만 다른 부분도 없지 않다. 우선 치안 판사의 역할이다. 영화에서 그는 오로르가 죽기 바로 전 오로르의 상태를 관찰했고 신부를 강하게 비판한다. 하지만 실제로는 1920년 2월 12일 오로르가 죽은 날 신부에게 전화를 했을 뿐이다. 실제와 다르게 표현한 이유는 아마도 누군가는 침묵에 저항해야만 한다는 것을 강하게 나타내고자 함이 아닐까 생각된다.

또한 뤽 디온의 영화에서는 특히 신부의 유죄성을 지적하고 있음을 주목해야 한다. 신부는 아이를 배려하거나 보호하기보다 오히려 엄격하게 교육할 것을 계모에게 충고했다. 결국 그는 자신의 잘못을 뒤늦게 인정하고 자살한다. 이 부분도 실제와 다르다. 당시 마을 사제는 자살하지 않았고 1923년 사고로 죽었다. 그럼에도 영화에서 신부가 자살하는 것을 보여 주는 것은 그만큼 그의 유죄성, 무류성에 대한 문제 제기를 새롭게 부각시키기 위한 것일 터이다.

오로르에 대한 학대 장면도 더욱 사실적으로 강조되었다. 아동에 대한 학대가 영화가 고발하는 주요 테마 중 하나이기 때문이다.

오로르 이야기만큼 퀘벡 영화와 연극 무대에서 자주 소재가 되고 또 흥행을 이룬 작품이 얼마나 될까? 왜 오로르의 비극적 이야기가 지속적으로 퀘벡인들의 심금을 울리고 있는 걸까? 소설가 앙드레 마티외(André Mathieu)는 어린 오로르의 이야기야말로 "퀘벡의 과거사에서 가장 동정을 살 만한 비극"이라고 말했다.

연극, 소설, 영화로 기억된 오로르는 퀘벡 사람들의 집단적 기억과 상상력 속에서 결코 지워지지 않는 깊은 상처일 것이다. 또 지금도 오로르 같은 아이가 지구 상에 존재할 수 있기에, 그리고 동일한 비극이 되풀이되지 않기 위해서, 오로르 사건은 그들이 기억해야 할 의무이고 역사인 것이다. [이지순]

영화 정보

〈어린 순교자 오로르〉 감독 : 장 이브 비그라 / 장르 : (멜로)드라마 / 러닝타임 : 102분 / 개봉 : 1952년

〈오로르〉 감독 : 뤽 디온 / 장르 : (멜로) 드라마/ 러닝타임 : 115분 /개봉 : 2005년

참고 문헌

마르셀 장, 『퀘벡영화』, 이지순 역, 수수꽃다리, 2005.
최희일, 『한 권으로 보는 캐나다 역사 100장면』, 가람기획, 2001.

Eric Bédard , *Histoire du Québec pour les nuls,* First-Gründ, 2012.

Jean Gaudreau, «Aurore, l'enfant martyre. Essai sur la violence faite aux enfants>», *Santé mentale au Québec,* vol. 17, n.1, 1992.

André Mathieu, *Aurore. La vraie histoire de l'enfant martyre,* Coup d'oeil, 2006.

Victor Miller, *Aurore. L'enfant martyre. Victime innocente d'une femme cruell,* Edimag, 2005.

8. 가브리엘 루아의 소설 『싸구려 행복』
— 자본의 지배와 전통적 가치의 붕괴

퀘벡의 산업화와 도시화

1945년에 출간된 가브리엘 루아(Gabrielle Roy)의 소설 『싸구려 행복(Bonheur d'occasion)』은 일대 문학적 사건이었다. 이 작품은 1947년 캐나다 총독상과 페미나상을 받았고, 출간된 해에 곧바로 『주석 플루트(Tin Flute)』라는 제목으로 영어로 번역되었다. 그리고 이후 수많은 외국어로 번역되어 세계 문학에 이름을 올렸다. 이 소설 이 이렇게 대성공을 거둔 것은 제2차 세계대전이 진행 중인 1940년 몬트리올이라는 대도시를 배경으로 1929년부터 시작된 대공황으로 야기된 도시 서민들의 불행을 사실적으로 묘사하고 그들의 심리적 상태를 생생하게 묘사한 덕이라 할 수 있다. 이 소설은 퀘벡의 전통적인 향토 소설(roman du terroir)과 대비되어 캐나다 최초의 도시

가브리엘 루아의 『싸구려 행복』 표지

문학 혹은 사회적 사실주의 문학으로 평가받고 있는데, 여기서 작가는 퀘벡 사회를 내적으로 뒷받침하는 전통적 가치들은 이미 그 시한이 만료되었고, 이제 선택의 여지없이 자본이 지배하는 사회가 도래했음을 선언하고 있는 것으로 보인다.

퀘벡은 사실 산업화가 시작되었음에도 19세기 말까지 농업 사회로 간주되었다. 낙농업, 식품업, 임업, 직물업, 제지업, 기관차와 기차 차량 제작 등이 19세기 후반 상당히 발전하여 산업화의 기초가 닦였지만, 퀘벡은 아직 산업 혁명 이전 단계에 머물러 있었기 때문이다. 20세기에 들어와 퀘벡은 풍부하고 값싼 노동력, 풍부한 천연자원과 수력, 정비된 교통망, 공장 설치에 필요한 하부 토대 등 경제적으로 도약하기에 적합한 조건을 갖추게 되었지만, 인적 자원이 부족하였다. 퀘벡의 교육을 장악하고 있던 가톨릭교회는 고등교육, 특히 과학과 기술 교육을 등한시해서 경제 도약의 기회에 필요한 인재를 적시에 공급할 수 없었다. 그러나 미국과 영국의 투자는 퀘벡을 산업화시키고 퀘벡의 경제를 발전시켰다. 산업화가 진행됨에 따라 인구 구조도 급속히 재편되었다. 프랑스계 캐나다인들이 몬

트리올 등 산업 중심지나 뉴잉글랜드로 빠져나갔는데, 그 결과 1851
년부터 1900년까지 약 50만 명의 인구가 뉴잉글랜드 지방으로 이주
하였고, 1921년 퀘벡 주의 도시 인구는 60퍼센트를 넘어 처음으로
농촌 인구를 앞지르게 되었다.

산업화와 도시화는 농촌의 인구를 빨아들였고, 농경 사회는 해체
되기 시작했다. 농업과 임업에 종사하는 농촌 사람들이 고수하던 전
통적인 가치들이나 삶의 양식은 제조업 분야에서 일하는 도시 사람
들의 새로운 삶의 방식이나 사고방식과 충돌하면서 갈등을 낳고 위
기를 맞게 되었다. 영국인의 퀘벡 점령 이래 성직자들을 포함한 퀘벡
의 엘리트들은 자민족 언어와 문화의 보존이야말로 프랑스계 캐나다
인들의 가장 효과적인 생존 방식이라고 주장해 왔는데, 이러한 맥락
에서 농촌 인구를 감소시키고 전통적 질서를 훼손하는 산업화의 물
결을 막기 위해 총력을 기울였다. 그들은 알코올과 영화와 사교댄스
를 비난하고, 출생률의 저하를 우려하였고, 퀘벡 경제를 독점하는 영
미의 대기업들과 동시에 미국에서 도입된 노동조합을 고발했고, 자
연적 질서와 기독교 사회와 인류 전체에 해독을 끼치고 있다고 생각
되는 유대인들과 프리메이슨단원들과 공산주의자들의 위협에 경고
를 보냈다. 이들을 지배하는 이데올로기의 특징은 보수주의, 농업,
교황권 지상주의로 요약될 수 있는데, 이들은 이러한 이데올로기와
가장 부합하는 향토 소설적 경향의 문학을 지원하였다. 1846년 파트
리스 라콩브의 『아버지의 땅』에서 시작된 향토 소설은 과거의 전통,
가톨릭 신앙, 프랑스어, 가족들 사이의 유대감, 대지 등에 집착하였

고, 농촌에서의 삶이 도시의 삶보다 더욱 우월한 생활 방식이라는 신화를 대중에게 유포하였다. 그러나 이러한 향토 소설이 내포한 이데올로기는 산업화와 도시화가 진행되고 있던 20세기 초반 퀘벡의 상황에 비추어 볼 때 이미 공염불에 불과했다.

대공황과 제2차 세계대전

농업 생산물을 포함하여 천연자원을 세계 시장에 공급하던 캐나다는 1929년 10월 23일 월스트리트에서 발생한 대공황으로 가장 큰 타격을 입은 나라들 중 하나였다. 이에 따라 농촌의 인구 유출은 거의 정지되었고, 대도시에서는 걷잡을 수 없을 정도로 실업이 늘어나 공식적인 실업률이 30퍼센트에 육박하였다. 이러한 상황에서 "시간당 13센트를 받으며 거리에서 일하며, 그것도 봄에나 일주일에 나흘, 닷새 일하면 다행"[6]일 최악의 빈곤층이 양산되었으며, "인구의 3분의 1이 직접 원조에 의지해 살아"갔다. 모든 영역에서 경기가 후퇴함에 따라 정부들은 직접 원조나 공공 사업의 형태로 실업자들을 구제하려고 시도했으나 이러한 조치들은 임시적인 방편에 불과했다. 또한 원조의 수혜자들은 개인적 차원에서 상당한 수치감을 갖게 되었는데, 가장들은 가장이나 남자로서의 권위가 실추되었다고 느꼈으며 젊은이들은 미래에 출구가 없는 것처럼 보였기 때문이다. 실업자들로 인해 도시

---

6) 모든 인용문의 출전은 가브리엘 루아의 『싸구려 행복』이다.

에는 빈민촌들이 생겨났고, 저임금을 받는 노동자들은 노동조합을 인정하고 노동 조건을 개선하고 임금을 인상할 것을 요구했다.

1930년대의 위기로 서구 자본주의의 사상적 토대였던 경제적 자유주의가 의문시되기 시작했고, 무너진 경제를 부흥하기 위해 국가의 적극적인 개입이 요구되었다. 케인즈의 경제 이론을 받아들인 미국의 루스벨트 대통령이 정부 권력에 의해 경제를 통제하고 자본주의를 수정하는 뉴딜 정책을 실시하자, 캐나다 수상 리처드 베드퍼드 베넷(Richard Bedford Bennett)은 보수주의 정책을 바꾸어 나름의 뉴딜 정책을 제시했다. 그는 중앙은행을 창설하는 법안을 채택하게 하였고, 국회에서는 직접 원조를 대체하는 실업 수당 제도와 최소 임금제와 주 48시간 노동제 등 일련의 법안이 채택되었다. 그러나 경제 위기를 결정적으로 해결해 준 것은 뉴딜 정책이 아니라 제2차 세계대전이었다.

1939년 9월 3일 영국은 폴란드를 침공한 독일에 선전포고를 했고, 9월 7일 당시 캐나다 수상이었던 자유당 당수 매켄지 킹(Mackenzie King) 역시 독일을 파괴의 세력, 악의 세력으로 규정하면서 독일에 전쟁을 선언했다. 영국계 캐나다인들 대다수는 자신들의 모국인 영국을 구하기 위해 참전과 의무적인 징집에 찬성하였지만, 프랑스계 캐나다인들은 1차 세계대전에서도 그랬듯이 과거에 자신들을 정복했던 영국을 위해 입대하는 것을 거부했다. 1940년 유럽에서는 계속 비보가 날아들었다. 독일이 프랑스와 벨기에를 침공하고 영국을 위협하였으며 이탈리아는 독일의 편에 섰다. 1939년 매켄지 킹은 징집을 강제하지 않겠다는 공약을 내걸고 지방 선거에서 이겼지만, 독일이 프랑스를 함락한 이후 캐나다 전역에 걸쳐 군복무를 의무화하고 전선의 지원병을 징집할 수 있는 법안을 통과시켰다. 몬트리올의 시장 카밀리앵 우드(Camillien Houde)는 이러한 조치가 모든 국민들을 대상으로 한 강제 징병제로 가는 첫 단추가 될 수 있다고 보고 시민들에게 이를 따르지 말라고 호소하다 체포되었다. 이후 퀘벡 정국은 징병제라는 이슈로 혼란에 빠지게 된다. 마침내 매켄지 킹은 1942년 자신의 약속에서 벗어나기 위해 국민투표를 실시하게 되는데, 캐나다 국민 전체의 80퍼센트가 징집에 찬성한 반면 퀘벡은 71.2퍼센트가 반대하였고 그중 85퍼센트는 프랑스계 캐나다인들이었다. 그러나 전쟁으로 인해 실업은 사라졌다. 국가는 전쟁의 승리를 위해 인적·물적 자원을 총동원하였고, 군수 산업의 급속한 발전은 완전 고용을 가능케 했기 때문이다.

가브리엘 루아는 『싸구려 행복』을 통해 노동자 계층에 속하는 라카스(Lacasse) 가족을 중심으로 전쟁보다 무서운 대공황의 고통을 보여 주는 동시에, 인명을 희생하는 대가로 자본주의를 구원하는 전쟁의 의미에 대해 질문을 던지고 있다.

라카스 가족의 수난

라카스 집안의 가장인 서른여덟 살의 아버지 아자리우스(Azarius)는 착하지만 무능한 가장으로 묘사되고 있다. 대공황 전까지는 착실한 목수였던 그는 "경제 침체의 타격으로 맨 먼저 실업자가 된" 부류에 속한다. 실업 초기 그는 "아무 일이나 가리지 않고 하기에는 자부심이 너무 강했다." 건설업 분야에서 일을 다시 잡으려고 노력했지만 허사였고, 마침내 공공 부조금을 신청하기에 이른다. 그는 대공황이 계속되는 동안 우유 배달업자, 아이스크림 배달업자, 변두리 상점의 외판원 등 다양한 직업을 전전하지만 이러한 일들은 그에게는 "전혀 상관없는 일들"에 지나지 않았다. 그에게 진짜 삶의 보람을 주는 일은 오직 목수 일이었고, 진정 행복한 순간은 점심 시간에 부인 로즈안나(Rose-Anna)가 정성 들여 싸 준 도시락을 먹을 때였다. 그는 허드렛일과 굴욕감만을 강요하는 현재와 힘들지만 보람차고 행복했던 과거를 대비하면서 "여름날 정오의 불볕, 숨이 턱턱 막히는 무더위 속에서 맛보는 그런 간식들이 그의 인생의 선명하고 중요한 한 부분"이었음을 회상한다. 그는 노동이 주는 보람을 상실한 후 허풍쟁이가 되고 성급하게 사업을 벌이다가 조금 남아 있는 재산과 장인의 유산을 날려 버리고, 마침내는 남에게 돈을 빌려 경마에까지 손을 댔다가 처가 식구들에게까지 신망을 잃는다. 아자리우스의 실패는 착실했던 사람들이 명예퇴직을 당한 후 열패감에 빠지고 이에 대한 반작용으로 무리하게 사업을 벌이거나 투자를 하다가 퇴직금을 몽땅 날리는 것과 마찬가지로, 한 개인의 잘못이기도 하지만 사회 구조적으로 파생된 문제이기도 하다. 어쨌든 그는 이러한 궁핍한 삶을 벗어나기 위해 현실의 밑바닥을 박박 기는 노력을 하기에는 부적합한 한탕과 모험을 꿈꾸는 몽상가로 남는다. 그는 곤궁한 형편에도 기존 체제와 전통적 가치에 대한 믿음을 버리지 않는다. 식당 손님들 사이에서 건네지는 대화에서 한 손님이 "민주주의는 노인, 생 뱅상 드 폴, 실업자의 수프"라고 말하자 아자리우스는 "민주주의는 자기 생각을 말할 수 있는 권리"라고 반박한다. 그는 정치 지도자들처럼 2차 대전이 "정의를 실현하고 악을 벌주기 위한 것"이라는 "선에 대한 순진한 믿음"을 버리지 않으며, 자신이 존재의 뿌리라고 믿는 프랑스에 대한 무조건적인 애착으로 프랑스를 지키기 위해서라도 퀘벡이 참전해야 한다고 주장한다. 사실 참전에 찬성하든 그렇지 않든 프랑스에 대한 애정은 프랑스계 캐나다인들에게 "존재의 근원을 비추는 빛이요, 아련하지만 일상으로 굳어진 향수였고 (…) 끈질긴 신앙"인 것은 사실이지만, 아자리우스처럼 이러한 향수와 믿음을 대놓고 말하는 것은 프랑스계 캐나다인들 사이에서도 드문 일이었다. 그는 과거 속에서 살며 냉혹한 현실에 눈을 감은 일종의 돈키호테이다. 그러나 그는 부인이 아들을 낳은 날 서른여덟의 나이로 입대한다. 그것은 선에 대한 믿음이나 인류애 혹은 모국인 프랑스에 대한 애착, 즉 무모한 이상주의를 위해서가 아니라 가장으로서 허물어진 가족의 삶을 일으켜 세우고 동시에 피곤한 일상에서 도피하기 위해서이다. 그에게 전쟁은 개인적인 차원에서 구원으로 다가온 것이다.

가장이 제대로 책임지지 않은 생계의 부담은 고스란히 아내 로즈 안나의 몫으로 돌아간다. 마흔의 나이에 여덟 명의 자녀를 키우는 로즈 안나는 남편이 때때로 벌어오는 소소한 돈과 열아홉 살 난 큰딸 플로랑틴(Florentien)이 식당 종업원으로 받는 월급과 자신이 부업으로 하는 청소나 삯바느질 등으로 겨우겨우 가계를 꾸려 나간다. 가족은 집세를 갱신해야 할 때마다 더욱 열악한 환경의 집으로 이사 가야 하며, 아이들은 학교에 갈 때 신을 적당한 신발과 옷이 없어서 제대로 학업을 계속하지 못할 지경이다. 가족이 삶의 전부인 로즈 안나는 가족을 위해 최대한 노동하고 최소한으로 소비하며 가난을 견딘다. 현실에서 도피한 아자리우스가 나이에 비해 팽팽한 젊음을 유지한 반면 로즈 안나가 떠안은 삶의 무게는 그녀의 육체를 조금씩 무너뜨린다. 플로랑틴은 자신이 종업원으로 근무하는 식당에 어머니가 방문했을 때 환한 대낮에 보는 어머니의 모습이 새벽이나 저녁 어두컴컴한 집 한구석에서 보던 모습과 달리 너무나 늙고 초라하게 보이는데 충격을 받는다. 로즈 안나는 견디기 힘든 삶의 고통을 가톨릭 신앙을 통해 위로받는다. 그녀에게 가족과 신앙은 구별이 되지 않을 정도여서, 기도할 때 "자신을 위해서는 아주 사소한 요구도 거부하는 로즈 안나였지만 가족들을 위해서라면 자신의 바람을 구체적으로 조목조목 아뢰는 것을 두려워하지 않으며", "자신을 위한 것인가 가족을 위한 것인가라는 구분은 영적인 것과 더불어 덧없는 것을 가르는 선이나 다름없다." 그녀는 열여덟 살 난 큰아들 외젠(Eugène)이 곤궁하고 피곤한 삶에서 벗어나기 위해 군에 입대했다는 말을 들은 날 밤 "어릴 때부터 명상에 잠길 때면 홀연히 떠오르던 성상 대신 돈다발에서 지폐가 한 장 한 장 풀려나는 모습이 눈앞에 아른거렸다"고 고백한다. 그녀의 육체를 황폐하게 만든 가난은 영혼 깊숙이 자리 잡은 신앙까지 갉아먹기 시작한 것이다. 그런데 이러한 지독한 가난에도 불구하고 왜 그녀는 아이를 계속 낳는 것일까? 그녀 역시 아이를 계속 갖는 것이 가족의 경제적 상황에 비추어 바람직한 일이 아니라는 것을 알고 있다. 그래서 그녀는 큰딸에게 자신이 임신했다는 사실을 떳떳이 알리지 못하고 "힘겹게 고백"한다. 이 말을 들은 큰딸은 "맙소사!, 엄마, 지금도 충분하거든요?"라고 힐난한다. 로즈 안나는 이러한 비난에 아무 대답도 하지 못하고 있다가, "어쩔 수 없는 일이야. 인생이 마음먹은 대로 굴러가는 줄 아니? 우리는 그냥 할 수 있는 대로 하면서 사는 거란다"라고 말하며 임신을 어쩔 수 없는 운명이라고 변명한다. 그녀는 아이를 낳기 전 "출산을 거듭할수록 육체적 두려움도, 또다시 고통에 질질 끌려다녀야 한다는 수치심도 커졌다. 영혼은 벼랑 끝에 몰린 듯 긴장으로 얼어붙었고 애를 낳을 때마다 아무 걱정을 모르던 순진하고 아름다운 젊음은 저만치 멀어져 갔다"고 말한다. 그리고 그녀의 출산은 여섯 살 난 막내 다니엘이 백혈병으로 죽은 직후이기 때문에 비극적인 색채가 더욱 짙어진다. 그럼에도 그녀는 막 태어난 아이를 본 후 "고통도 뿌리 깊은 슬픔도 물러나는" 것을 느끼고 "무기력해지는 동시에 용기를 되찾곤 했다"고 말한다. 그녀에게 자식이란 현실적인 가난의 비극을 더욱 심화시키는 요인이 되지만 동시에 그 비극을 살아 나갈 수 있는 힘의 원천, 즉 그리스도가 진 십자가와도 같다. 그런데 이러한 심리 상태는 로즈 안나 개인이 아니라 전통적인 프랑스계 캐나다 여성의 일반적인 특성으로 제시되는 것으로 보인다. 예를 들면 그녀의 친정 엄마인 라플랑트 부인(Madame Laplante) 역시 열다섯 명의 아이를 낳은 엄마로 자식을 포함하여 자신의 삶을 "자신이 지는 십자가, 자신이 감당할 시험, 자신이 짊어진 무거운 짐"으로 생각하며, "입만 열었다 하면 그리스도인다운 체념과 고행 얘기"만을 하기 때문이다. 그녀의 어머니는 아이들에게 사랑을 베풀지 않고 엄격하고 차가운 모습만을 보였는데, 로즈 안나는 "자기 배 아파 낳은 새끼들조차 다 보호할 수 없다는 것을 끔찍이도 잘 알고 있기에" 그러한 태도를 취한 것이 아닐까 이해한다. 사실 다산은 노동 집약적인 농업을 기반으로 하는 전통 사회에서는 당연한 일이고 퀘벡의 상황에서는 더욱 그러했다. 퀘벡은 영국계 캐나다인들보다 인구에서 우위를 차치해야 민족의 생존에 유리하다고 생각했으며, 동시에 퀘벡의 가톨릭교회는 십일조에 기반을 둔 교회의 수입을 올리기 위해 인구가 느는 것이 바람직했기 때문이다. 그래서 그때까지 가톨릭은 자연 피임 이외의 피임 방법은 신자들에게 금지하고 있었다. 그러나 자본주의가 지배하는 대도시에서 궁핍한 가족에게 다산이란 가계 경제의 측면에서 재앙이라 하지 않을 수 없는데, 전통적인 가치에서 벗어나지 못한 여인들은 이를 인류의 숙명으로 받아들이며 "삶이나 죽음이나 비극적이기는 마찬가지"라는 기독교적 비관주의를 견지한다.

라카스 가족의 수난의 일차적인 원인이 대공황이었음은 말할 여지가 없다. 그러나 아자리우스와 로즈 안나가 전통 사회의 가치관 혹은 이데올로기에 갇혀 사회의 새로운 변화에 대처하지 못한 것이 그 수난을 더욱 비극적으로 만들었다는 것은 부인할 수 없는 사실이다. 그렇다면 변화한 시대에 적응해 새로운 삶을 설계하는 젊은 세대의 모습은 어떤 것일까?

새로운 세대의 탄생

플로랑틴과 그녀의 연인 장 레베크(Jean Lévesque)는 과거의 가치
관에서 벗어나 새로운 삶을 모색하는 젊은이들의 면모를 대표적으로
보여 준다. 장 레베크는 고아라는 점에서 퀘벡에서는 '성스러운 가치'
로 여겨지던 가족과 애초부터 단절되어 있는 존재이다. 그는 "무남독
녀가 건강을 되찾게 되면 아이를 한 명 입양하겠다고 서원 기도를 바
친" 여인에게 입양되었지만 딸은 그가 입양되고 얼마 되지 않아 죽음
을 맞는다. 양부모는 그를 박대하지는 않았지만 일말의 애정도 보이
지 않았고 그는 "고아원에서 지낼 때보다 더 혹독한 외로움을 느꼈
다." 결국 그는 사춘기인 열다섯 살 때 양부모와 싸움을 하고 가출하
여 자립적인 삶을 시작한다. 빈손으로 홀로 사회로 뛰어든 그는 무인
도에 난파한 로빈슨 크루소처럼 "주위에서 구할 수 있는 재료를 자기
목적에 활용할 속셈으로 관찰한다." 그의 목적은 성공인데, 그것은 자
신의 행복을 위해서라기보다 자신의 삶에 결핍된 무엇인가를 보상받
기 위한 혹은 세상에 복수를 하기 위한 것이다. 따라서 주변의 모든
사람들은 애정을 주고받는 대상이 아니라 성공을 위한 도구에 불과하
고 연애는 사치나 낭비로 여겨질 뿐이다. 그에게 가장 중요한 일은 앞
으로의 성공을 보장해 줄 공학 공부에 매달리는 것이다. 앞에서도 말
했지만 과학과 기술 교육을 무시했던 가톨릭교회 때문에 퀘벡에는 경

제 발전에 필요한 인재들이 부족했으므로 그가 공학도라는 것은 의미심장하다. 그는 "그 자신이 스승, 그것도 아주 완고하고 엄격한 스승"이며, "자기 자신을 완전히 장악하고" 있다. 그에게 유일한 낙이 있다면 일주일에 한 번 하는 외출이다. 혼자 극장에서 영화를 보고 식당에서 고급 요리를 먹고 집으로 돌아오면서 "그런 순간만큼 자신이 자유로운 혼자라는 사실이, 가족도 없고 다 짜 놓은 계획에 방해가 될 만큼 성가신 친구도 없는 완전한 자유인이라는 사실이 기쁠 때는 없었다"고 토로한다. "아무도 믿지 않고 철저히 혼자가 되기를 원하는" 장은 "마지막 남은 한 조각 우정, 아직도 그의 마음속에 남아 있는 사람들에 대한 쥐꼬리만 한 믿음마저 부숴 버리고" 싶어 한다. 따라서 그에게 연민을 불러일으키는 가난한 플로랑틴은 오히려 성공의 길을 막는 장애물일 수밖에 없다. 그는 "자신의 가난, 자신의 고독, 자신의 슬픈 어린 시절, 외로운 청춘"을 증오하고 부정하려고 하지만 그것들은 "아직도 그와 가장 긴밀하게 이어져 있는 것, 그의 뿌리 깊은 본성, 도드라진 운명"의 일부로서 그의 내면에 살아남아 있다. 비참한 생활의 화신인 플로랑틴은 그가 외면하고 싶은, 그래서 그의 내면에서 완전히 사라져 버렸다고 믿고 싶던 그 내밀한 고통을 끊임없이 일깨우면서 둘의 동질성을 확인시킨다. 그러나 바로 그 때문에 그는 그녀에 대한 연민과 사랑이 깊어질수록 자신의 야망에 걸림돌이 될 것이라고 생각하고 그녀와 육체관계를 맺은 후 끝내 그녀를 버리고 도망간다. 장에게 전쟁은 사회적 신분 상승의 사다리를 더욱 신속하게 오를 수 있는 행운을 제공하는 기회였고, 그가 플로랑틴을 떠나 들어가는 곳은 전쟁으로 번영을 구가하는 군수 공장이다.

식당의 종업원으로 일하는 플로랑틴을 지배하는 것 역시 가난으로부터 탈출하려는 욕망이다. 그녀에게 가난은 고된 육체적 노동이기도 하지만 그보다도 손님을 접대하면서 "언제나 웃는 얼굴을 해야만 하는" 감정 노동을 강요한다는 점에서 더욱 고통스럽다. 그녀는 "웨이트리스 일을 혐오하며", "인생에 어쩔 수 없이 매여 사는 순간순간을 증오"한다. 그녀는 고된 운명을 받아들이는 어머니와는 다른 삶을 살 것이라는 결심을 다진다. 그러나 당시 상황에서 여성 자신의 힘만으로 성공하는 것은 극히 예외적인 일일 수밖에 없었다. 따라서 그녀가 자신의 욕망을 실현하기 위해서는 "아직 남아 있는 그녀의 젊음과 육체적 매력을 행복을 붙잡기 위한 도박에 걸어야 했고", 식당의 고객들 중 한 사람으로 지금은 기계공에 불과하지만 확실히 성공할 것이라 보이는 장 레베크를 붙잡기를 원한다. 그러나 그녀의 애정은 단지 계산적인 것만은 아니다. 장이 그녀에게 사랑을 느낄수록 더욱 도망가고 싶어 하는 반면, 그녀는 장이 자기로부터 도망가고 싶어 할수록 더욱 열정에 불타오른다. 마침내 그녀는 장과의 관계를 굳히기 위해 가족들이 시골의 외가에 놀러가 집이 비어 있는 틈을 타 장을 집에 끌어들여 육체적 관계를 맺는데, 이는 오히려 장이 그녀의 곁을 떠나는 결정적 계기가 된다. 장에게 버림받고 임신한 후 그녀는 자살까지 생각하지만, 운명에 굴복하지 않고 자신에게 호감을 갖고 접근하던 장의 친구 에마뉘엘 레투르노(Emanuel Létourneau)를 새로운 탈출구로 삼아 불행에서 빠져나온다.

에마뉘엘은 성물, 장식품, 영성체에 쓰이는 포도주를 취급하는 상인의 아들로 부유한 중산층 출신이지만, 초등학교 때 만났던 가난한 친구들에게 깊은 연민을 느끼며 노동자 동네인 생앙리를 사랑한다. 그는 학업을 마치기도 전에 강압적인 아버지 슬하에서 벗어나고 싶어서 거의 충동적으로 면직 공장에 취직해 얼마 지나지 않아 공장장으로 승진하였고 전쟁이 나자 이상적인 인류애를 품고 군인이 된다. 그의 소원은 도움이 필요한 사람들을 돕고 그들의 가난을 덜어 주며 불행도 전쟁도 없이 정의가 넘쳐흐르는 세상이 오는 것이다. 그는 "전쟁을 파괴하기를" 원하고 전쟁이 "돈의 힘을 파괴하기를" 희망한다. 에마뉘엘은 플로랑틴이 일하는 식당에서 친구 장의 소개로 그녀를 알게 되고 그녀에게 연민을 느끼는데, 연민은 곧 사랑으로 발전한다. 장을 사랑하는 플로랑틴은 에마뉘엘의 구애에 별 관심이 없었지만, 장의 아이를 임신한 후 미혼모라는 오명을 쓰지 않기 위해 에마뉘엘이 데이트를 신청하자 그 기회를 이용하여 그와 몸을 섞는다. 에마뉘엘은 플로랑틴의 계책대로 서둘러 그녀와 결혼하고 유럽 전선으로 떠나기 전 그녀에게 자신의 모든 재산을 넘겨준다.

이 세 사람은 모두 퀘벡의 젊은이들로 과거의 가치관을 거부한다는 공통점을 갖는다. 그러나 장과 플로랑틴은 자본의 논리를 그대로 수용하는 반면 에마뉘엘은 자본의 지배에 강한 반감을 갖고 새로운 질서를 꿈꾼다는 점에서 차이를 갖는다. 장은 양부모 밑에서 애정을 받기는커녕 눈치를 보고 살면서 주변 사람들에 대한 공격성을 키워 나간다. 사실 그는 학교에서 일등상을 받았어야 할 뛰어난 성적을 올

렸음에도 선생님들에게 안하무인이라는 이유로 상을 박탈당하기도 했다. 충분한 애정을 주지는 않았지만 물질적으로는 계속 지원을 한 양부모와 싸우고 집을 나왔다는 점에서 그는 반항아라고 하지 않을 수 없다. 그러나 『적과 흑』의 쥘리앙 소렐이 그랬던 것처럼, 본격적으로 사회생활을 시작하면서 사회에 대한 그의 반항감은 출세욕으로 바뀐다. 그런데 그에게 출세의 구체적인 형태인 재산이나 존경은 중요한 것이 아니다. 그에게 출세란 아마도 가난해서 자식을 고아원에 맡기고 일찍 죽은 친부모, 더 넓게 보면 연민을 불러일으키는 가난한 사람들로부터 더 멀리 도망치고 싶다는 욕망일 것이기 때문이다.

장이 실존적 욕망을 실현하기 위해 자본의 논리를 수용한다면, 플로랑틴에게 자본주의란 곧 소비와 과시의 욕망이다. 에마뉘엘의 친구로 가난하고 직업이 없는 알퐁스(Alphonse)는 자본주의 사회가 사람들을 물질로 유혹하고 소비의 욕망을 불러일으킴으로써 자신의 노동과 생명을 자본에 저당 잡히도록 몰고 간다고 비판하는데, 플로랑틴 역시 예외는 아니다. 그녀는 출세의 보증 수표로 여겨지는 장을 사로잡을 생각을 하면서 동시에 자본주의 소비문화의 최첨단을 걷는 몬트리올의 유흥가 생트카트린 거리를 떠올린다. 그녀는 대형 상점의 쇼윈도, 꽃집, 고급 식당, 극장들이 들어찬 거리를 거쳐 "세상에서 가장 아름다운 이미지들이 비치는 스크린이 있는 곳까지 올라가기"를 원한다. 그런데 우리가 유의할 것은 그녀에게 물질은 이미 물질이 아닌 광고로 만들어진 '이미지'라는 점이다. 자본이 무제한으로 확장하기 위해서는 무제한적인 소비의 욕망을 만들어 내는 것이 필요하기 때문에, 소비를 단순히 육체적인 욕구를 넘어선 정신적인 욕망으로 만들어야 한다. 즉 물질을 모두가 동일하게 욕망하는 이미지로 변환시켜야 하는 것이다. 그래서 장에게 모욕을 받았다고 느끼는 플로랑틴에게 동료인 마르그리트가 "그 남자가 나한테 추파를 던지면 좀 무례하더라도 화 같은 건 나지 않을 거야. 그 사람, 좀 내 타입이거든!"하고 귓속말을 건네는 순간 그녀의 "분노는 이미 한풀 꺾이고 부러움을 사고 있다는 뿌듯함이 밀려든다." 그녀는 "하찮은 것들을 소유하는 기쁨도, 잠시 스치고 지나갈 우정도, 심지어 빈약한 추억마저도 평생 남들의 시선이 아닌 자신의 시선으로 바라본 적이 없었기" 때문이다. 가브리엘 루아는 여자 주인공 플로랑틴을 통해 자본주의가 인간의 깊은 내면에 작용해 어떻게 가짜 혹은 과잉 욕망을 촉발해 내는지를 잘 보여 주고 있다.

반면 자본의 지배에 대해 전면적인 거부감을 보이고 있는 에마뉘엘은 바로 그 때문에 소설에서 어쩌면 가장 현실성이 결여된 존재로 보이기도 한다. 그에게 풍요는 돈이 아니라 노동이며, 돈이 아니라 노동자의 팔과 두뇌에서 생겨나는 풍요야말로 세상과 사람을 살리는 진정한 풍요라고 생각한다. 이는 아자리우스가 목수였던 시절 느끼던 행복이기도 하다. 그러나 아자리우스에게 이러한 행복이 과거에 속한 아련한 추억이라면, 에마뉘엘에게 그것은 자본의 지배를 깨뜨린다면 다시 획득할 수 있는 미래의 희망으로 보인다. 그는 자본을 파괴하는 전쟁이야말로 노동자들을 자본의 지배에서 해방시킬 수 있는 기회로 파악한다. 이미 "전쟁이 터지기 전에도 세상은 절망에 빠져 있었고 그 절망을 풀 방법은 무력밖에 없기" 때문이다. 전쟁은 사람들에게 자본주의가 만들어 내는 소비의 유혹 대신, "창살을 부수고 진짜 삶에 뛰어들고 싶은 유혹"을 불어넣는 계기가 되어야 한다. 이상주의적인 그에게 새로운 삶과 사회에 대한 "사랑과 뜨거운 열정"에 "흠뻑 도취되지 않는다면 전쟁은 비인간적인 부조리일 뿐이다." 그러나 전쟁이 진행될수록 그의 확신은 흔들린다. 플로랑틴에게 자본주의가 생트카트린 거리의 화려함이라면, 에마뉘엘에게 자본주의는 영국계 자본가들이 사는 웨스트마운트에 깃든 불변의 평화와 질서이다. 사실 영국계 캐나다인들은 퀘벡에서 부와 권력을 가진 엘리트 계층을 이루고 있었는데, 그들이 소유한 기업의 부가 퀘벡 재정의 86.6퍼센트를 차지할 정도였다. 프랑스계 캐나다인들인 노동자 계층이 사는 아랫동네 생앙리는 어떻게 굴러가든 이들이 사는 언덕 위의 동네 웨스트마운트는 가난한 사람들의 재물과 희생과 생명을 모두 빨아들이면서 더욱 번영을 구가할 따름이다. 그곳의 대저택들의 "반들반들한 고급 석재와 금속에 반사된 빛", 그 냉혹하고 비인간적인 자본의 빛이 에마뉘엘에게 떨어졌을 때 그는 자신이 "지나치게 오만하고 순진했음"을 깨닫는다. 전쟁이란 세상을 바꾸는 계기가 아니라 단지 "이쪽의 재물이 저쪽으로 넘어가는" 자본의 유희에 지나지 않는 것이 아닐까? 그러나 그는 병사들이 전쟁터로 떠나는 플랫폼에서 체념한 표정의 한 왜소한 노부인이 마지막 인사를 보내듯 입술을 달싹거리는 모습을 보면서 "전쟁은 없어져야만 한다는 희망"을 읽는다. 비록 전쟁이 자본주의를 끝장내고 새로운 세상을 만들지는 못하겠지만 최소한 전쟁을 필요로 하지는 않는 더 나은 세상을 만드는 기회가 되어야 할 것이라는 희망으로 전쟁터로 나간다. 그런데 유감스럽게도 이러한 희망은 아무런 현실적 근거가 없는 개인의 막연한 희망에 불과할 따름이며, 그가 고향을 떠나는 기차에서 보는 것은 "폭풍우를 예고하고 있는 하늘에 낮게 깔린 먹구름"이다. 당시 히트하였던 롤랑 르브룅(Roland Lebrun)의 〈병사의 작별 인사(Adieu du soldat)〉는 전선으로 향하는 병사들의 마음을 잘 전해 주고 있다.

연인이여, 내 옆에서 와서 앉으시오
내게 나를 사랑한다고 진지하게 말해 주시오.
그리고 내게 나 말고 어떤 사람의
애인도 되지 않을 것이라 약속해 주시오.
부모님과 친구들이여, 오늘
나는 마지막 작별을 하러 왔습니다.
나는 아름다운 내 나라를 떠나
대양의 푸른 파도를 건너야 합니다.
거기서 독일의 대포들은 노호하고 있고
소총은 죽음을 살포하고 있습니다.
그러나 우리 세계를 지키기 위해
죽음을 불사하고 가야 합니다.

오, 그대, 나의 사랑하는 어머니여

내가 했던 모든 일들을 용서해 주십시오.
아버지, 형제자매 친구들이여
나에 대한 기억을 간직해 주십시오.

나는 여기서 나의 친구인 당신들과 함께
가장 아름다운 날들을 살았습니다.
그리고 만약 신이 내게 삶을 보존해 준다면
나는 내 아름다운 나라를 다시 볼 것입니다.

오, 나의 사랑하는 어머니여, 안녕
나는 먼 거주지로 떠납니다.
안녕, 나는 다시 돌아오지 못할 것입니다
내가 사랑을 알게 되었던 나라로.

전후(戰後)

제2차 세계대전은 수많은 인명을 희생시킨 끝에 나치즘과 파시즘의 광기에서 서구 민주주의 세계를 지켰다. 세계적으로는 약 6천만 명 이상의 인명이 희생되었는데, 캐나다에서도 4만 2천 명 이상의 캐나다인이 목숨을 잃었으며 약 5만 4천 명이 부상을 입었다. 그러나 또한 전쟁은 세계적인 규모의 경제 위기에서 자본주의를 구해 냈다.

전쟁 중 국가동원령은 1929년 이래 침체 상태에 있던 경제를 활성

화시켜 비철금속(200퍼센트), 비금속 광물(95퍼센트), 철(236퍼센트), 운송 장비(511퍼센트), 전자 기구(177퍼센트), 화학제품과 석유 화학 제품(200퍼센트) 산업이 비약적으로 발전하였다. 이에 따라 노동의 수요도 급격히 늘어나 1943년 기준으로 제철업에는 108,085명, 섬유 산업에는 76,002명, 화학 산업에는 465,333명의 노동자들이 종사했다. 전쟁 이후 전시 경제 구조가 개편되어야 했는데, 국가는 높은 수준의 고용을 유지하기 위해 건설 사업을 일으켰다. 또한 전쟁 중 억눌렸던 소비 욕구가 분출되면서 소비가 급증하였고 국가는 실업 보험(1941년), 가족 수당(1944년), 퇴역 군인들에 대한 보상금, 세금 인하 등의 조치로 사람들의 구매력을 끌어올렸다. 또한 이민자들의 증가와 전후 베이비붐으로 인한 인구의 증가는 경제에 내적 역동성을 불어넣었다.

1944년 농촌의 지지를 업고 권좌에 다시 오른 국민연합의 모리스 뒤플레시는 퀘벡 경제를 근대화하기 위한 방편으로 국가의 개입을 제한하고 사기업들 특히 미국 자본에 유리한 정책을 펼쳤다. 또한 캐나다 연방 정부에 대해서는 소극적인 자세를 취했다. 퀘벡의 전통적인 가치들을 지키는 데 앞장선 그는 가톨릭교회가 갖고 있던 교육과 보건과 사회 서비스 분야에 대한 통제권을 그대로 유지시켜 주었다. 또한 공산주의와 노동조합에 대해 강한 적대감을 갖고 보수주의적이고 권위주의적인 정치 제도를 확립하였다. 지식인들은 점차 그의 보수적인 태도에 대해 반감을 갖게 되었지만, 유리한 경제적인 상황과 농촌에서 누리는 대중적 인기로 인해 그는 1959년까지 권좌를 지킬 수 있었다. 그러나 지식인들은 뒤플레시의 보수적인 태도에 점점 더 반감을 품었고, 대학을 중심으로 한 교육계에서는 성직자들이 교육 체계에 대해 갖는 영향력에 대해 반감을 품기 시작했다. 마침내 1950 년 1월 이러한 세력들이 결집하여 절대적 권위를 가졌던 성직자들과 뒤플레시에 반대하는 소리를 내는『자유 도시(Cité libre)』라는 새로운 잡지를 창간하였다.『싸구려 행복』에 등장하는 새로운 세대들이 전후 사회의 주역이 되면서 '조용한 혁명'은 이미 조용히 진행되고 있었던 것이다. [이용철]

참고문헌

가브리엘 루아,『싸구려 행복』, 이세진 옮김, 이상북스, 2010.

Gabrielle Roy, *Bonheur d'occasion*, Éditions internationales A. Stanké, 1978

정상현,『퀘벡소설의 이해』, 고려대학교출판부, 2007.

퀘벡학연구모임,『키워드로 풀어보는 퀘벡 이야기』, 아모르문디, 2014.

신정아, 「가브리엘 루아의『싸구려 행복』에 나타난 '유동하는 근대'의 몇몇 양상」, 프랑스어문교육학회 학술대회자료집, 한국프랑스어문교육학회, 2011.

Michel Biron, François Dumont, Elisabeth Nardout-Lafarge, *Histoire de la littérature québécoise,* Boréal, 2010.

Jean Hamelin et Jean Provencher, *Brève Histoire du Québec,* Boréal, 1997.

9. 영화 〈앙투안 아저씨〉에 그려진 광산촌, '조용한 혁명'의 맹아

클로드 쥐트라의 〈앙투안 아저씨〉

토론토국제영화제(FIFF, Toronto International Film Festival)는 1980년대부터 10년 주기로 '역대 최고의 캐나다 영화 10편'을 발표하고 있다. 최초는 1984년이고 이후 1993년, 2004년 그리고 2015년까지 총 4회에 걸쳐 캐나다 영화계를 대표하는 제작자, 스태프, 비평가, 교수, 프로그래머 등이 투표를 통해 각 시대에서 바라보는 역대 최고의 캐나다 영화를 선정했다. 10년마다 진행되기에 그 전 선정 시에는 출시되지 않았던 새로운 영화가 리스트에 진입하기도 하고 시대에 따라 시각이 달라지기 마련이라 그 결과가 항상 같지는 않지만, 40년 동안 단골로 선정되는 영화들도 있다. 그중에서도 압도적인 위치를 차지한 영화가 있는데, 바로 1971년에 제작된 클로드 쥐트라(Claude

Jutra) 감독의 〈앙투안 아저씨(Mon Oncle Antoine)〉다. 클레망 페롱 (Clément Perron)의 자전적 시나리오를 영화화한 이 작품은 1984년, 1993년, 2004년에 1위를 차지했고, 2015년에는 자카리아스 쿠눅 (Zacharias Kunuk) 감독의 〈아타나르주아트, 더 패스트 러너 (Atanarjuat : The Fast Runner)〉(2001)에 1위 자리를 내주었지만 여전히 2위에 랭크되면서 여전히 국민들의 인정을 받고 있다. 〈앙투안 아저씨〉는 개봉 당시에도 많은 반향을 일으켰다. 캐나다 영화제에서만 최우수영화, 감독, 주연, 여우조연 등 8개 부문의 상을 수상했고, 7회 모스크바 국제영화제 경쟁 부문, 44회 아카데미상 최우수 외국영화 부문에는 후보로 선정되었으며, 그 밖의 영화제에서 20여 개의 상을 수상했다.

영화 〈앙투안 아저씨〉 포스터

한 편의 영화가 반세기 동안 최고의 영화로 누누이 기억되는 이유는 복합적일 것이다. 미학적 완성도는 당연한 필요조건의 하나다. 다이렉트 시네마와 누벨바그의 영향을 받은 쥐트라의 대표작답게 〈앙투안 아저씨〉도 이러한 조건을 충족시킨다. 종교, 젠더, 죽음, 세대, 사회 계층, 전통과 현대 등 〈앙투안 아저씨〉에 함유된 주제들은 거대하면서도 심각하고 철학적이면서도 사회적이다. 쥐트라는 이렇게 무거운 주제들을 퀘벡의 한 작은 탄광촌에 위치한 잡화점을 중심으로 크리스마스 직전에 일어나는 일상을 통해 구현한다. 주제의 중압감이 일상의 평범함에 자연스럽게 스며들어 있다. 무거운 주제를 건드리면서도 영화는 심각하지 않다. 오히려 유쾌하다. 그러면서도 주제를 환기시키는 비유나 상징이 혼란스럽거나 모호하지 않고 명료하다. 심각함과 유쾌함, 중후함과 평범함이 일종의 모순어법처럼 절묘하게 균형을 이루며 공존하는 〈앙투안 아저씨〉는 영화 미학의 측면에서 이의를 제기하기 쉽지 않을 정도로 잘 만들어졌다.

이러한 미학적 완성도가 캐나다인들이 〈앙투안 아저씨〉를 반세기 동안 최고의 영화로 꼽는 이유를 모두 설명할 수는 없다. 한 집단의 다양한 구성원들이 만장일치로, 그것도 50년 가까이 지속적으로 매우 좋은 작품이라고 생각한다면, 그것은 그 영화에 담겨 있는 무엇인가가 그들의 정서에 깊게 와 닿았다고 생각하는 것이 합리적일 것이다. 집단의 구성원들이 자신의 문제라고 생각하는 그 무엇, 각각의 구성원이 다른 구성원과 공유하는, 그래서 서로를 하나의 운명 공동체로 엮어 주는 그 무엇, 오랜 시간 동안 구성원들 각자의 마음속에 응어리져 있던 그 무엇, 적어도 구성원들의 사정을 대변한다고 대부분의 사람들이 믿게 만드는 그 무엇이 없다면 한 편의 영화에 대한 지속적이고 만장일치에 가까운 합의는 불가능할 것이다. 한마디로 집단의 정체성이라고 할 수 있는 그 무엇은 그 공동체의 과거와 관련 있다는 점에서 사회적이고 역사적이다. 우리가 〈앙투안 아저씨〉에서 주목하는 지점은 바로 여기다. 그럼 영화에서 재현된 시대, 퀘벡인의 정체성을 설명할 수 있는 이 시대는 언제이며, 이 시대가 퀘벡인에게 던지는 의미는 무엇일까?

영화는 퀘벡의 작은 탄광촌 마을에서 크리스마스 직전에 일어나는 사건을 이야기한다. 어느 해인지는 분명하지 않다. 하지만 추정은 충분히 가능하다. 영화의 시작 부분, 즉 오프닝 크레딧이 끝날 무렵에 시공간적 배경이 화면에 제시된다. 이에 따르면 영화는 "퀘벡 지방의 석면 광산 지대에서 얼마 전에" 일어난 사건을 다룬다. 1971년이 영화가 제작된 해니까, 영화는 적어도 1960년대 또는 그 이전 사건을 다루는 셈이다. 내용으로 미루어 보면 퀘벡에서 '조용한 혁명'이 일어나기 직전, 그러니까 '대암흑기'라고 불리는 뒤플레시 정권 시대다. 영화 초반에 나오는 마을 카페 화장실의 낙서, 어디서나 흔히 볼 수 있을 법한 낙서 중 하나가 이를 예증한다. 현대 퀘벡인의 집단적 정체성이 조용한 혁명과 함께 형성되었다면, 이 영화는 퀘벡의 정체성과 밀접한 관련이 있으며, 바로 이 부분이 이 영화가 캐나다 최고의 영화로 자리매김하는 데 중요한 요소라고 말할 수 있을 것이다.

〈앙투안 아저씨〉와 퀘벡의 대암흑기

영화의 시놉시스는 다음과 같다.

앙투안은 퀘벡의 한 석면 탄광촌에서 가족과 함께 마을의 유일한 잡화점을 운영하며 장례업도 겸하고 있다. 주인공인 십대의 브누아

(자크 가뇽 분)은 고아로 삼촌 앙투안 부부와 같이 살며 삼촌의 일을 돕는다. 브누아는 유쾌하면서도 비판적인 시선으로 어른들의 세계를 관찰한다. 앙투안의 잡화점은 크리스마스가 가까운 시기라서 무척 분주하다. 한편 마을에서 떨어져 외딴 농가에 사는 조는 영국계 지배인과의 갈등으로 석면 광산의 광부 일을 그만두고 아내와 아이들을 남겨 둔 채 벌목 일을 하러 산으로 떠난다. 조의 큰아들이 갑자기 병에 걸려 죽자 앙투안과 브누아는 눈보라 속에서 조의 집으로 가 장례를 치른다. 추위를 떨치기 위해 술을 너무 많이 마신 앙투안 대신 돌아오는 길은 브누아가 마차의 고삐를 잡는데, 시신을 실은 관을 길에 떨어트린다. 밤에 혼자서 어쩔 수 없었던 브누아는 집으로 돌아오고 앙투안의 아내인 세실이 잡화점 점원인 페르낭과 침대에 함께 있는 것을 발견한다. 페르낭과 브누아는 관을 찾으러 떠나지만 발견하지 못한다. 그들은 조의 농가까지 온 길을 되돌아간다. 앙투안은 창문을 통해 집 안을 들여다본다. 크리스마스를 지내기 위해 집으로 온 조가 관 속의 아들 시신 앞에서 가족과 함께 있는 장면이 보인다.

영화는 호기심 많은 사춘기 소년 브누아가 들여다보고 경험하는 어른들의 민낯을 그린다. 하지만 이것은 표면일 뿐이다. 그 이면에는 말 그대로 '대암흑기' 시절 퀘벡의 프랑스어권 사회의 분위기가 깔려 있다. 광산 마을에 위치한 앙투안의 잡화점을 둘러싼 이야기들은 당대 퀘벡 사회의 축소판이라고 할 수 있는 것이다. 조용한 혁명 이전에 퀘벡 사회를 지배하는 두 개의 축은 경제적, 정치적 권력을 독점한 영어권 주민과 사회의 방대한 영역에서 영향력을 미치는 로마 가톨릭이다. 영화의 시작 부분은 이 두 가지 권력 아래서 오랫동안 억눌린 사회의 분위기를 매우 효과적으로 재현한다. 오프닝 크레딧 배경 화면인 동시에 빈번하게 등장하는 석면 광산의 전경과 마을 어디에서도 보이는 성당 종탑 화면이 그것이다. 하지만 영화가 이야기하려는 궁극적인 메시지는 이러한 관성적 억압 상태와의 유리, 그리고 새로운 시대를 향한 가능성이다. 역시 영화 초반부를 구성하는 에피소드들은 '길들여진' 관성적 상태와의 단절을 예고한다. 영어를 모른다고 말하면서 광부 일을 그만두고 마을을 떠나 벌목 현장으로 떠나는 조 풀랭의 결심과 보는 사람이 아무도 없을 때 성당을 유희의 공간으로 여기는 브누아의 행동이 이를 암시한다.

관성적 상태와의 절연 그리고 새로운 시대를 향한 가능성의 희구는 영화의 핵심적 주제인 세대교체를 통해 구현된다. 술에 취해 인사불성인 앙투안 삼촌을 대신해서 마차를 몰게 된 브누아가 마부자리에서 일어나 눈보라 속을 질주하는 모습은 말에게 길을 맡기는 앙투안의 모습과 대조를 이룬다. 원하지 않는 일을 어쩔 수 없이 할 수밖에 없는 기성세대의 순응적이고 수동적인 모습을 장년기인 앙투안이 대변한다면, 청소년기 브누아의 적극적인 행동은 마차 위에서 길거리의 마을 어린이들에게 시혜라도 베풀 듯 크리스마스 선물을 뿌리는 오만한 영국계 광산주에게 눈덩이를 던지는 모습과 함께 미래를 향해 행동을 취하는 젊은 세대를 상징한다. 영화는 퀘벡 사회의 미래가 말고삐를 건네받은 이들 젊은 세대에게 달려 있다는 점을 분명하게 말하고 있다. 사회의 주역이 바뀐다는 것은 관성적이고 수동적인

영화 〈앙투안 아저씨〉의 한 장면

태도의 청산을 의미한다. 그런 의미에서 영화의 마지막 장면, 크리스마스에 아들의 관을 둘러싼 조 폴랭을 담은 화면 구도가 예수의 탄생을 그린 수많은 그림의 구도를 연상시키는 것이 우연은 아닐 것이다. 새로운 탄생은 과거와 현재의 죽음을 전제하기 때문이다. 장례식, 관, 주검 등 영화에서 반복적으로 제시되는 죽음 관련 장면은 퀘벡 사회를 짓누르는 공포인 동시에 새로운 희망의 씨앗이기도 하다.

1949년 석면 광산 파업의 배경과 과정

과거의 연장선 위에 있지만 동시에 새로운 희망이 잉태되는 상태에 놓여 있는 퀘벡 사회를 영화가 재현한다는 측면에서, 석면 광산 마을이라는 공간적 배경은 매우 시사적이다. 실제 영화의 스토리를 구성하지는 않지만, 아스베스토스(Asbestos, '석면'을 지칭하는 라틴어에서 유래한 영어 단어를 명칭으로 하는 퀘벡의 마을)와 셋퍼드(Thetford)를 중심으로 1949년에 발생한 석면 광산 파업은 퀘벡 역사에서 가장 오랫동안 지속된 파업이며, 퀘벡의 정치와 사회에 전환점을 이루는 매우 중요한 사건이기 때문이다. 사실 영화에서 환기하는 것은 이 파업이 일어나기 직전의 퀘벡 사회의 분위기라고 할 수 있다.

퀘벡의 석면 광업은 1930년대 말부터 번성하기 시작한다. 1940년대 퀘벡의 연간 석면 생산 규모는 미화 기준 4천 만 달러에 이르렀다. 이는 퀘벡 전체 광물 생산의 4분의 1에 해당되고, 퀘벡 총 생산량의 4퍼센트를 차지하는 규모다. 퀘벡 광부 4명 중 1명은 석면 광산에서 일하는 셈이었다.

석면 광업은 퀘벡 경제에서 무시할 수 없는 규모였지만 미국의 자본과 경제에 종속된 상태였다. 1930년대에 이루어진 광산 경영자들의 합병과 미국 자본의 유입이 그 원인이었다. 합병과 미국 자본의 유입은 한편으로 기계화와 자본의 확충을 가져왔지만, 다른 한편으로는 캐나다에서 생산되는 석면의 85퍼센트가 미국으로 수출되고 미국은 석면 수입량의 90퍼센트를 캐나다로부터 들여오는 독점적 결과도 만들어 냈다. 외국 자본, 특히 미국 자본은 퀘벡 정부로부터 여러 가지 혜택을 받았다. 광산 개발 사용료, 세금, 사회 보장 부담금은 매우 낮은 수준이었다. 예를 들어 철광석 채굴권을 가진 미국의 철강 회사는 퀘벡 정부에 톤당 1센트의 사용료를 지불했지만, 캐나다 내

다른 주 정부는 톤당 33센트를 받는 실정이었다. 광부들의 임금도 높지 않았다. 더구나 노동자들의 지나친 요구는 정부에 의해 통제되었다. 이러한 혜택의 대가로 광산 회사들은 선거 자금을 기부하거나, 정부의 또는 친정부적인 인사들에게 월급이나 수수료를 지불하였다. 한마디로 말해 미국 자본과 퀘벡 정부는 공생의 관계였다.

불공정에 기인한 광부들의 누적된 불만은 1949년 2월 13일 아스베스토스의 광부 2천 명이 파업에 돌입하면서 표면화되며, 셋퍼드의 광부 3천 명이 그 뒤를 따른다. 뒤플레시 수상은 이를 즉각 불법 파업으로 규정한 뒤 지방 경찰을 파견하여 진압을 시도하고, 회사는 대체 광부를 고용한다. 파업 광부들이 이에 대항하여 진입로를 봉쇄함으로써 상호 간 긴장은 수위를 높이며 폭력 사태로 치닫는다. 5월 6일 오전, 중무장한 경찰 병력이 마을에 진입한다. 이들은 다수의 파업 광부들을 체포하여 감금하고 폭행한다. 또한 한 경찰이 던진 최루탄에 의해 부상자가 발생하기도 한다. 같은 날 셔브룩의 오브레디 판사는 마을 교회 지하실에서 집회 금지 명령을 공포하며, 그 자리에 있던 모든 광부들은 체포된다. 뒤플레시 정권의 비호를 받은 경찰의 폭력 행위는 언론인들을 포함한 퀘벡의 많은 지식인들을 분노하게 한다. 1949년 7월 1일, 광부들은 현장에 복귀한다. 퀘벡 주교 모리스 루아(Maurice Roy)의 중재로 138일간의 파업이 종지부를 찍은 것이다. 회사는 노동조합을 인정하고 시간당 10센트의 임금 인상에 동의한다.

노동조합 인정과 임금 인상이 광부들이 제기한 조건의 전부는 아니었다. 광부들은 그 외에도 연금 제도의 도입을 주장했으며, 무엇보다도 자신들의 건강을 위협하는 석면가루의 제거가 가장 큰 요구 사항이었다. 하지만 석면가루의 제거를 위한 강제 조치는 취해지지 않았으며, 광부들은 그 이후에도 석면 침착증이라는 이름으로 알려진 폐 질환에 지속적으로 시달린다. 이와 관련된 작업 조건이 개선된 것은 또 한 번의 석면 광산 파업이 일어난 1975년 이후다.

석면 광산 파업의 영향과 평가

5천 명의 광부가 참여한 1949년 석면 광산 파업은 여러 가지 측면에서 퀘벡 사회에 영향을 미친 역사적 사건으로 평가된다. "퀘벡 사회사에서 가장 유명한 파업", "후에 조용한 혁명이라는 이름을 갖게 되는 근본적 움직임의 초석", "조용한 혁명의 선구자격 사건" 등, 언론이 이 파업을 부르는 표현들이 그 역사적 성격을 암시한다. 이러한 의미 부여, 특히 '조용한 혁명'과 연관된 의미 부여는 아베스토스와 셋퍼드의 파업이 광부에만, 좀 더 넓은 의미에서 노동자 계층에만 국한된 사안이 아니었음을 방증한다. 그것은 뒤플레시 정권하에 이루어진 정부와 가톨릭교회의 밀월 관계, 미국계 또는 영어권 캐나다인 자본에 의한 지배적 경제 구조에 대한 프랑스어권 캐나다인들의 각성과 이에 따른 사회의 근본적 변화를 불러일으켰다고 평가된다.

석면 광산 파업에 대한 역사적, 상징적 의미 부여에 당시 진보적인 언론인들이 지대한 역할을 한다. 뒤플레시 정권에 반감을 가졌던 많은 지식인들은 파업 당시 광부들의 입장에 동조한다. 특히 (현재 캐나다 수상인 쥐스탱 트뤼도의 아버지이며) 자유당 소속으로 1969년 캐나다 수상으로 선출되어 2번의 임기를 지낸 피에르 엘리오트 트뤼도(Pierre Elliott Trudeau)는 반정부 성향의 개혁주의 언론인 조르주 펠티에(Georges Pelletier)와 함께 파업 현장 소식을 「르 드부아르」지를 통해 대중에게 알린다. 뿐만 아니라 트뤼도는 동료들과 함께 석면 광산 파업을 종합적으로 평가하는 단행본을 시테 리브르 출판사에서 1956년 출간하기도 한다. 트뤼도에 의하면, 석면 광산 파업은 "사회 해방의 핵심적 사건"(1970, p.401)이다. 그 어떠한 권력 앞에서도 후퇴하지 않은 노동 운동은 새 시대의 도래를 예고하는 새로운 동시대적 힘을 대변하기 때문이다. 이 파업을 계기로 퀘벡의 노동자는 비로소 보수주의와 전통적 사회 권력의 지배로부터 해방되며, 종국에는 퀘벡 사회의 민주화와 자유화를 지향하는 심층적 사회 변혁의 원동력이 된다. 그리고 이러한 역할은 광산 노동자뿐 아니라 퀘벡의 모든 임금 노동자에게 공유된다. 한마디로 1949년의 파업은 기존의 전통적 사회 구조와 단절하고 현대 퀘벡에 맞는 새로운 가치관을 찾는 퀘벡 노동자와 지식인이 가진 열망의 표출이라고 할 수 있다.

1960년대의 조용한 혁명 이후에, 퀘벡 정부는 뒤플레시 정권의 반노동조합 정책과 결별하고, 노동과 사회 보장 분야에서 북미에서는 전위적이라고 할 수 있는 새로운 정책들을 입안한다. 뒤플레시 정권 하에서 우측으로 기울었던 사회적 정책들이 이후 20년 동안은 좌측으로 방향을 이동하는 것이다. [한용택]

영화 정보

감독 : 클로드 쥐트라 / 장르 : 드라마 / 러닝타임 : 1시간 50분 /개봉 : 1971년

참고문헌

박희태, 「끌로드 쥐트라의 *Mon oncle Antoine*를 통해서 살펴본 퀘벡의 정체성과 영상언어의 상관관계」, 『프랑스문화예술연구』, 36집, 2011.

퀘벡학연구모임, 『키워드로 풀어보는 퀘벡 이야기』, 아모르문디, 2014.

Hélène David, «La grève et le bon Dieu : la grève de l'amiante au Québec», *Sociologie et sociétés*, vol. 1, n° 2, 1969.

Jocelyn Létourneau, *Passer à l'avenir. Histoire, mémoire, identité dans le Québec d'aujourd'hui*, Edition du Boréal, 2000.

Ian Lockerbie, «Regarder la mort en face», *Ciné-Bulles*, vol. 15, n° 2, 1996.

Jacques Rouillard, «La grève de l'amiante, mythe et symbolique», *L'Action nationale*, sept. 1999.

Pierre Elliott Trudeau(dir.), *La Grève de l'amiante*, Édition du Jour, 1970(초판은 Cité libre 출판사에서 1956년 출간됨).

10. '조용한 혁명'기 지식인의 말하기
— 앙드레 마조르의 소설 『고집쟁이』

'파르티 프리의 문학' 작가들

점점 자신들의 열등한 위치와 사회 구조의 모순을 자각하면서 퀘벡에서는 개혁의 필요성을 주장하는 움직임이 태동한다. 그러면서 1945~1960년 사이 퀘벡은 조용히 사회 개혁을 준비하고 있었다. 마침내 퀘벡은 1960년대에 들어와 '조용한 혁명'이라고 부르는 아주 근본적이고 큰 변혁을 이룩한다. 퀘벡인들은 "우리는 할 수 있다"는 슬로건 아래 자아를 재발견하고 자신들의 의지에 따라 많은 것을 변화시킬 수 있다는 확신을 얻는다. '프랑스계 캐나다인'의 정체성 개념은 열등한 민족에 속하는 의미임을 깨닫기 시작한 그들, 특히 급진적인 지식인들은 이 말을 "포기나 상실, 비개성, 비문화 그리고 소수파적 위상 등의 상징으로 간주하고 퀘벡 시 주민을 일컫는 'Québécois'

를 자신들의 명칭으로 선택"(한대균 12)한다. 한 세기 이상 누려 오던 교회의 정신적 지배는 정부의 힘이 강화되면서 빠르게 와해된다.

그와 같은 혁신의 소용돌이 속에서 지식인의 참여는 자연스러운 것이었는데, 그 참여는 대체로 같은 주장을 하는 사람들끼리 힘을 합쳐 '선언'을 하거나 아니면 잡지를 창간하는 방식으로 이루어진다.

그중 당시 작가들의 새로운 문학적 지향을 담아내면서 동시에 시대의 이정표 역할을 했던 가장 중요한 잡지가 바로 『파르티 프리(Parti pris)』다. 폴 샹베를랑(Paul Chamberland)과 앙드레 마조르(André Major) 등이 퀘벡의 '독립'과 '사회주의', 그리고 '탈종교화'라는 세 가지 목표를 제시하며 1963년에 창간한 이 잡지는 '조용한 혁명기' 지식인들의 이데올로기를 대변하면서 문학의 현실 참여에 큰 역할을 한다. 1960년 제라르 베세트(Gérard Bessette)의 『서적상(Le libraire)』에 의해 예고된 뒤 1963~1965년 『파르티 프리』를 중심으로 일어나는 '퀘벡 문학 혁명'은 발표된 작품들의 양과 질적인 풍요로움으로 볼 때 베세트가 말한 대로 "비등하는 문학"의 시기를 이루었음에 틀림없다. 퀘벡의 짧은 문학사상 그 시기만큼 퀘벡 공동체의 현실과 집단적인 운명에 깊이 공명하며 관심을 보인 때도 없다고 해도 그리 틀린 말은 아닐 것이다. 어쨌든 "글쓰기란 무엇보다도 사회의식의 실천이라고 주장한 『파르티 프리』 '파(派)'는 우리(퀘벡)의 문학 전통 속에서 경시되었던 특징들, 이를테면 온갖 저속한 것들이 포함된 적나라하고 노골적인 일상을 거침없이 묘사"(Allard, 163)한다. 로베르 마조르가 "항의 문학"이라고 명명한 '파르티 프리의 문학'은 그

앙드레 마조르, 제랄드 고댕, 클로드 자스맹 등 '파르티 프리의 문학' 작가들

처럼 퀘벡 공동체적 현실 의식과 불가분의 것으로 "퀘벡이 받아 온 소외에 대한 폭로를 기도할 뿐 아니라 새로운 인간상의 확립을 위한 엄청난 모험을 시도"(Arguin, 254)한다. 그렇기에 '파르티 프리의 문학' 작가들은 "퀘벡의 사실주의 작가들"이라고 할 수 있을 것이다.

그리하여 이 글에서는 『파르티 프리』의 공동 창립자 중 한 사람으로 '파르티 프리의 소설가'라 일컬어지는 앙드레 마조르의 소설 가운데 『고집쟁이(Le cabochon)』(1964)를 중심으로, 지식인의 참여가 절실히 요구되던 당시 퀘벡의 특수한 상황 속에서 지식인의 행동 양식을 고찰해 보고자 한다. 이것은 결국 앙드레 마조르 식의, 더 넓게는

'파르티 프리의 문학가들' 식의 지식인의 역할 및 지식인상을 재구성하는 작업이 될 것이다.

지식인의 '말하기'

"아빠는 다시 실업자가 되었다."[1] 소설은 사실 이 문장으로부터 시작된다고 말해도 될 것 같다. 몬트리올의 가난한 집 가장의 연이은 또 한 번의 실직. 그것은 18~19살의 주인공 앙투안에게 '반작용'을 불러일으키는 '작용'으로 기능하기 때문이다.

일할 권리를 박탈당한 아버지의 실직, 그로 인한 질식할 것 같은 가정 분위기는 주인공에게 자기 인식의 훌륭한 기회를 제공해 준다. '비참'은 그에게 현실로 눈을 돌리게 하여 그 현실의 질곡과 모순에 눈을 뜨게 한다. 그렇다고 아버지의 실직이 주인공에게 '아버지의 주먹' — 아버지는 주먹으로 밥상을 쾅쾅 치며 위협적으로 말한다 — 으로 상징되는 부권의 권위주의적이고 비민주적인 상황을 이해하게 하는 면죄부가 되어 주지는 않는다. "독립을 원하고 타인의 충고를 잘 받아들이려 하지 않는"(78) 그 "삐딱한 고집쟁이" 주인공의 눈에는 "사람들의 무지를 악용하는 것이 (…) 혐오스럽고 고약한 하나의 원리"(38)가 되어 버린 사회가 도저히 마음에 들지 않는다. 스스로 기독교인이라고 말하고 생각하는 사람들 대부분이 그와 같은 '원리'

---

1) André Major, *Le cabochon*, Parti pris, 1980, p.10. 이후 이 작품 인용은 쪽수만 표기한다.

에 깊이 젖어 살아가는 현실은 그에게는 모순의 극치이다. "가슴은 없고 머리만 좋은 사람들, 혹은 지식인들"의 그 '출세'에 대한 이기적인 야망은 그에게 "더럽고 치사한 부르주아들"로밖에 보이지 않는다. 그러기에 그런 인간들이 갖는 "모든 직업은 타락하고 부패했다."(47)

　그처럼 인식되는 현실의 모순과 질곡은 그에게 끊임없는 분노를 유발한다. 하지만 권위주의적인 가정과 "'말씀'이 절대권력"인 사회는 그에게 당연히 그 분노의 표출을 쉽게 허락하지 않는다. "'말씀'의 대리자" 앞에서 침묵해야 하는 베세트의『서적상』주인공 에르베 조두앵처럼, 앙투안 역시 그의 분노를 억압하며 침묵하지 않을 수 없다. 하지만 그 침묵은 어떤 방식으로든 소통을 원한다. 물론 그 소통이 진실한 것이 되기 위해서는 자신을 이해해 주는 상대와 이루어져야 할 것이다. 앙투안은 어느 날 그 진실한 소통을 기대하며 여자 친구 엘렌에게 자신의 마음을 토로한다. 그의 '첫 번째 말하기'인 셈이다. 그것은 마치 "너무도 오랫동안 뼛속에 머물며 썩고 썩은 고름을 짜내는 행위"에 가까울 정도다. 하지만 그녀 역시 전혀 그와 말이 통하지 않는다. 그녀도 그저 "더럽고 치사한 부르주아"일 뿐임을 깨닫고 그는 이내 입을 닫는다.(47)

　'사실'과 '진실'을 말하는 그를 '미친 인간'으로 취급하는 사회 현실은 그에게 "자신의 껍질을 깨고 나와"(60) "자신이 (사회에) 유익한 인간"(63)이 되기 위해 뭔가를 하도록 스스로 결심케 하는 강력한 동기를 제공한다. 카뮈의『이방인』과 앙드레 말로의『인간 조건』의 독서를 통한 두 주인공(뫼르소와 첸)의 비교(63)는 그에게 그 '유익한 인간'으로 거듭나도록 하는 아주 적절한 반성의 기회를 제공한다. 그리하여 생존을 위해 제과점에서 경험한 아주 힘든 두 달 동안의 직장 생활은 그에게 자신이 어떻게 할 때 '유익한 인간'이 될 수 있는지를 결정적으로 깨닫게 해 준다. 그것은 곧 '말을 하는 것'이다. 앙투안은 애인 리즈에게 자신이 무엇을 원하는지 이제 알기 시작하게 되었고 그것을 언젠가는 꼭 말할 작정이라고 편지로 고백한다.(121)

'말을 하는 것'은 비판하는 행위이다. 그러므로 그것은 "지금 존재하는 것—현실의 장(場), 말하자면 변화시켜야 할 상황—을 아직 존재하지 않는 것—달성해야 할 목표, 생을 재창조하기 위하여 상황의 일차적 조건들을 재구성하는 것—을 위하여 부분적으로 부정하는 행위"(사르트르, 17)인 것이다.

그처럼 자신이 처한 현실을 직시함으로써 자기 인식에 성공한 앙투안은 그 현실을 변화시키기 위해 행동할 것을 결심한다. 그런데 그 행동은 다름 아닌 '말을 하는 것'이다. 그는 또 그렇게, 사르트르가 지식인에 대해 이렇게 규정한 것처럼 어느새 지식인이 되어 있는 것이다. "지식인은 고독한 존재이다. 아무도 그에게 어떤 역할을 맡긴 적이 없기 때문이다. 하지만 다른 모든 사람들과 함께 자유스러워지지 않으면 지식인 자신도 자유를 누릴 수 없게 되어 있다. 이것이야말로 그에게 있는 모순 중의 하나이다. (…) 따라서 지식인은 자신의 모순이 객관적인 모순의 표현임을 자각하고, 자기 자신과 타인을 위하여 이러한 모순과 투쟁하는 모든 사람들에게 연대 의식을 느끼는 것이다."(사르트르, 67)

작가는 주인공 앙투안을 통해 이처럼 당시, 즉 '조용한 혁명기'의 지식인의 역할은 곧 '말을 하는 것'임을 웅변적으로 보여 준다. 말을 하는 것은 고발하는 행위이다. 폭로하는 행위이다. 모두가 진실을 숨기고 침묵하고 있을 때 '말을 하여' 그 숨겨진 진실을 폭로하는 행위이다. "그때까지 당연한 것처럼 받아들여지던 상황들을 묘사하고 분석하여 재검토하는 것이 자신의 임무"이듯이, 지식인은 보통 사람들과는 달리 "현상들을 비판적 시선으로 바라보아 그 현상들에 대한 숨겨진 진실을 폭로"(Tremblay, 152)해야 하는 것이다.

어떻게 말할 것인가?

그렇다면 앙투안은 어떤 식으로 '말을 하려' 하는가? 이것은 이를테면 어떤 글쓰기를 택할 것인가 하는 문제이다. 그리고 어떤 직업을 가지고 '말을 할 것인가' 하는 문제이기도 하다.

그는 처음에는 소설 쓰기를 통해 그 '말'을 하려는 것처럼 보인다. 생존을 위한 힘든 직업 활동 속에서도 그는 독서를 소홀히 하지 않으며, 마침내는 소설을 쓰기 시작한다. 그 소설은 바로 그가 일하고 있던 제과점을 배경으로 한 것이었다.(94) 그런데 공교롭게도 어느 날 새벽까지 소설을 쓰느라 아침에 일어나지 못하여 결근한 것이 화근이 되어 그는 그 제과점에서 쫓겨나고 만다.

그 뒤, 그는 어떤 이유에서인지는 모르지만 '말하기'의 수단으로 소설 쓰기를 택하지 않는다. "농촌을 알고, 농촌 사람들의 삶을 살아보고 싶어서"(12), 이를테면 사회 현실을 더 경험하고 인간을 더 잘 알기 위해, 다시 말해 "자기 자신과 타인을 위하여 사회적 모순과 투쟁하는 모든 사람들에게 연대 의식을 느껴" 보려는 의도에서 곧 시골로 혼자 떠난다.

그에게 '말하기'의 수단은 사회학자나 저널리스트의 글쓰기가 될 것이다. 그렇다면 그 이유는 무엇인가?

작가는 주인공의 돌연한 변덕에 대해 전혀 언급이 없다.

앙드레 마조르의 소설 『고집쟁이』 표지

추측을 통해 그 이유를 알아볼 수밖에 없는데, 앙드레 지드의 『콩고 여행』의 이 부분은 그에 대한 답변에 시사적일 것 같다.

(1925년) 10월 30일.

잠을 이룰 수가 없다. 밤비오의 그 '무도회'(식민국 대회사 직원들이 식민국의 행정관과 결탁하여 행한 비인간적인 체벌 행위를 가리킴. 지드는 그 행위를 직접 목격했음) 이야기가 저녁 내내 내 머릿속에서 떠나지 않는다. 자주 이야기되는 것처럼 "원주민들은 프랑스의 점령 이전이 지금보다 더 불행했다"고 말하는 것만으로는 이제 설득력이 부족하다. 우리는 그들에 대해 피할 수 없는 책임을 떠안았다. 내 마음은 지금 불만과 원망으로 가득하다. 나는 운명이려니 하며 체념을 하기에는 도저히 용납이 되지 않는 몇 가지 일들에 대해 지금 알고 있다. 어떤 운명의 여신이 나를 이렇게 아프리카로 떠밀었는지? 도대체 나는 무엇을 추구하기 위해 여기에 왔는지? 나는 조용히 살아왔다. 그렇지만 이제 나는 알게 되었다. 그러니 말을 해야만 한다.

그런데 어떻게 하면 내 말이 들리게 할 수 있을까? 지금까지 줄곧, 나는 내 말이 들리게 하는 일에 대해서는 전혀 신경을 쓰지 않고 말을 해 왔다. 오래 남기를 바라는 단 한 가지 욕심에서 후세의 사람들을 위해 항상 글을 써 왔기 때문이다. 곧 소멸되어도 좋으니, 목소리가 즉각 대중에게 미치는 그 저널리스트들이 부럽다. 지금까지 나는 잘못된 도로 표지판들을 믿고 돌아다녔던 것 같다. 나는 이제 그것이 아무리 끔찍한 것일지언정 숨겨진 것을 알아내기 위해 무대 뒤편으로 파고들리라. 내가 의심하고 내가 보고 싶은 것은, 바로 그 '끔찍한 것'이기 때문이다.(앙드레 지드, 145)

50대가 되도록 미학과 도덕에 대해서만 관심을 가져온 지드는 콩고 여행(1925년 7월~1926년 6월)을 계기로 애타심과 휴머니티 그리고 사회 문제에도 눈을 돌리게 되는데, 이 부분은 그 계기와 동기에 대해 잘 보여 주고 있다. 그런데 여기에서도 볼 수 있듯이, 소설 쓰기를 통해 말해 오던 지드는 저널리스트의 말하기 방식을 부러워

한다. 그에 의하면 소설가의 목소리보다 저널리스트의 목소리가 더 즉각 대중에게 영향을 미칠 수 있기 때문이다. 그것은 저널리즘의 직접성과 즉시성 때문이다. 사르트르의 다음의 말은 지드의 주장을 더욱 뒷받침한다. 여기에는 효과상의 강약의 차이와 그 이유가 함께 설명되어 있다.

"어떤 의미로 볼 때 우리들은 작가에게서 지성의 근본적인 특성을 대부분 찾아볼 수 있다. 그러나 다른 한편으로는 창조자로서 작가의 사회적 활동이 우선 보기에 실용적 지식이나 보편화를 추구하는 것 같지는 않다. 어떤 작품에서 아름다움이 특수한 폭로의 방편으로 사용되었다 할지라도 그것은 작품의 아름다움으로 인하여 약하게 될 것이며, 작품이 아름다우면 아름다울수록 그러한 도전적 요소는 더욱더 감소될 것이다."(사르트르, 95)

어찌 보면 주인공 앙투안의 이러한 선택, 즉 사회학자나 저널리스트의 글쓰기 선택은 "표현과 가속의 시대", "전복과 강력한 민족주의 시대"로 규정되는 '조용한 혁명기'의 그 혁명적 '순간'의 정치 사회 상황에 더 적합한 말하기 방식일 수도 있으리라.

무엇을 말할 것인가?

'고집쟁이'인 주인공의 생각을 종합하면 사회 정의의 실현으로 요약될 수 있다. 그의 생각의 추는 자유보다는 평등 쪽으로 훨씬 더 기울어 있다. 그것은 젊음이 대체적으로 가질 수 있는 어떤 '감상적인' 정의가 아니다. 그 생각 때문에 그는 "치사하고 비겁한 부르주아"를 대표하는 친구 위베르와 절교하고, 엘렌으로부터는 미친 인간 취급을 받는다. "자기들만이 인생을 알고, 인생에 대해 말할 자격이 있는 것처럼" 학생들에게 출세 지향의 인생론을 펼치는 오만한 교수들과, 그 교수들의 이야기에 젖어 '정의'는 아랑곳없이 오로지 '출세의 야망'만이 지배하는 곳이 그에게는 전혀 탐탁하지가 않다. 그 결과, 당연한 일이지만 그는 '이방인', 혹은 '아웃사이더'가 되어 '주변'을 맴돌게 된다. 그 대가는 물론 고립과 고독이다. 타인이 비참 속에서 사는 것을 보는 한 성공, 엘리트가 되는 것, 이익, 소유 등은 그에게 별 의미가 없다. 그는 부르주아처럼 "개 같은 인간"(109)이 되고 싶지 않다.

하지만 그는 현실에 그렇게 문외한은 아니다. 물론 여기에서 '현실'이라는 말은 그에게 자기 인식의 동기를 부여한 부조리하고 정의롭지 못한 눈앞의 현실을 의미하는 것이 아니다. 그것은 그가 비판하는, 그와는 매우 다른 생각을 갖고 사는 그런 부르주아들이 엄연히 존재하는 현실을 말한다. 그 '현실'을 잘 이해하는 그는 사회 정의의 실천을 위해 그 엄연한 현실을 받아들일 줄 안다. 아니, 그는 그 엄연한 현실, 그리고 그 "부르주아들을 이용할 필요가 있다"(47)고 생각한다. 그가 농촌을 알고, 농민의 삶을 살아 보고 싶어 떠나는 것도 다른 한편으로는 자기처럼 가난한 사람들, 사회 구조상 약자의 위치에 처한 자들 속으로 깊이 파고들어 그들을 더 잘 이해함으로써 자신의

'정의로운' 생각을 구현하기 위한 방법 모색의 차원으로 생각할 수도 있을 것이다.

그런 생각에서 농촌으로 떠난 그는 처절한 현실에 무릎을 꿇고 말지만, 그의 사고는 더욱 분명해진다. 그 사고는 더욱 정치적이며, 더 확고하게 사회주의를 표방한다. 세인트런이라는 시골에 겨우겨우 도착한 그는 일자리를 찾지 못해 기아에 허덕이다 마침내 의식을 잃고 마는데, 행인의 신고로 경찰서로 이송되어 정신을 차린 뒤 담당 경찰에게 하는 진술은 그가 사회주의자임을 확실히 보여 준다. "내 생각에는 색깔이 없어요. 푸른색도 반대하고, 붉은색도 싫어요. 내가 속하는 당은 정의라는 당입니다."(138) 그리하여 "정의라는 당의 당원"으로서 투쟁하며 살아가게 될 그는 개인의 자유도 물론 중요하지만 그 자유가 조금은 제약을 받더라도 정의와 평등을 통한 공동체 모두의 행복 추구에 더 무게를 두는 담론을 설파할 것이다. 그는 당연히 '가슴'이 있는 지식인으로 행동할 것이다. "가슴이 없는 지성은 무슨 소용이 있는가?"(47)라는 그의 질문처럼.

"누벨프랑스의 역사를 너무도 많이 독서한 그 젊은이"(123)의 공동체 의식은 그 공동체가 느끼는 소외 의식을 통해 더 강화된다. '영어를 쓰지 않는 사람들'이 당하는 현실적인 차별 대우는 일자리를 구할 때 극명하게 드러난다. 일자리를 찾기 위해 영어라도 배워야겠다며 풀이 죽어 있는 큰아들 앙투안에게 아버지는 이렇게 위로한다. "풀 죽지 마라, 애야. 영어가 안 되면 물론 쉽지 않아. 하지만 넌 끝내 일자리를 찾게 될 거야."(146) 아버지의 이 말에 대한 아들의 대답은

머지않아 '말을 하기' 시작하기로 이미 결심한 상태여서 더 의미심장하며, 그에 대한 투쟁 의식이 느껴진다. "자기 말을 하면서도 일자리를 갖지 못하는 것은 정상이 아니에요."(146) 실제로 1867년 캐나다 연방이 출범한 뒤, 퀘벡을 제외한 다른 주에서는 프랑스어 교육이 사라지거나 위축되었고, 처음에는 프랑스어권 캐나다가 영어권 캐나다와 대등한 지위를 갖게 될 거라 믿었던 퀘벡 주민들은 퀘벡의 위상이 캐나다의 여러 주 가운데 하나로 점점 격하되는 것을 보고 위기감을 느껴 왔다."(퀘벡학연구모임, 179) 앙투안의 이 말은 그 위기감이 현실화된 상황을 보여 준다.

"마음과 영혼 그리고 정신을 개조하기 위해서, 새로운 인간이 되기 위해서, (…) 근본적이고 총체적으로 변화하기 위해서"(124) 농촌으로 떠나기 전에도 이미 그는 리즈에게 '프랑스어를 쓰는 사람들'이 가진 사회·경제·문화·역사적 소외 의식을 표출한 바 있다. 그런데 그의 발언을 보면 단순히 소외 의식에 그치지 않는다. 그는 자신이 처한, 다시 말해 프랑스어를 사용하는 사람들이 처한 상황을 (영어를 사용하는 사람들과의) 주종 관계로, 이를테면 식민 지배와 피지배 관계로 파악하고 있다. 애인 리즈에게도 "우리는 만족하는 돼지 같은 천한 하인으로 항상 남아야 하는 걸까? 리즈, 이 문제는 대단히 중요한 문제야"(121)라고 말하면서 애인을 설득하고 자신의 행동에 대한 이해를 구한다. 그의 마음속에는 민족주의적인 감정이 도사리고 있다. 지금 그가 처한 상황은 그에게는 마치 벗어나야 할 식민지 지배 상황과 같은 것이다.

그리하여 앙투안이 미래에 사회학자나 저널리스트로서 퀘벡이라는 공동체를 향하여 말하려는 내용은 사회·경제·문화·역사적인 소외에서 벗어나 명실상부한 독립 공동체를 이루기 위한 담론이 될 것이다. "우리의 정부가 명실 공히 우리의 소유"(121)가 되도록 투쟁을 권면하는 담론이 될 것이다. 그것은 어떻게 보면 당시 퀘벡의 젊은 지식인들에게 큰 영향을 미친 프란츠 파농(Frantz Fanon)[2]의 메시지와 유사한 메시지들일 수도 있다.

"티 없이 맑은 영원의 하늘"

주인공 앙투안은 "사회에 적응하는 것이 곧 사는 것"(121)인 일반인들에게는 '고집쟁이'로밖에 보지 않는다. 그러나 그 고집은 그에게 자신에게서 벗어나 '눈을 열게' 하는 원동력이 되어 준다. 그리하여 철저한 자기 인식을 통해 '가슴'이 있는 지식인으로 재탄생하는 그는 자기가 몸담고 있는 공동체에 '유익한 인간'이 될 것을 결심한다.

그는 "먹구름"과 "지붕 덮은 쇠항아리"를 보고 그것을 하늘로 알고 살아가는 사람들에게 "티 없이 맑은 영원의 하늘"(신동엽, 84)을 볼 수 있도록 그들의 "마음속 구름"을 닦아 주기 위해 자신의 삶을 바칠 것을 결심한다. 그 "영원의 하늘"에는 자신이 꿈꾸는 이상의 세계가 있을 것이다.

---

2) 서인도제도의 마르티니크에서 출생한 프란츠 파농은 '알제리 민족해방전선'에 가담하여 활약했고, 1961년에 출간한 『대지의 저주받은 자들』은 큰 반향을 불러일으켰다.

그런데 그 방법은 자신의 목소리를 즉각적으로 들리게 할 수 있는 저널리스트나 사회학자가 되어 '말을 하는 것'이다. 소설은 주인공의 그 결심과 실천 방법까지만 확인할 수 있게 해 주지만, 화자나 주인공의 입을 통해 언급된 메시지들을 보면 때가 오면 그가 그와 같은 담론의 자장 형성과 증폭을 위해 매진할 것임을 추측케 한다. 그런데 그것은 대체로 앞서 보았듯이 '사회주의'와 '퀘벡 공동체 독립'에 관한 담론들일 것이다. 따라서 그가 표방하는 '말하기의 내용'은 "당시 젊은 지식인들이 매료된 식민지 해방 사회주의 '이론'에 바탕을 둔 퀘벡 사회의 급진적이고 혁명적인 변화를 주창한"(Pelletier, 23) 잡지 『파르티 프리』가 제시한 주의주장들과 일치한다. 그것들은 다름 아닌 '독립'과 '사회주의', 그리고 '탈종교화'이기 때문이다. 실제로 1900년 초까지 퀘벡 경제는 농업과 목재 산업 중심이었다. 이후 제조업 분야의 성장과 함께 도시화 과정이 본격적으로 진행되면서 도시와 농촌 간의 경제적 격차가 심각하게 벌어지고 빈부의 격차가 심해졌다. "한편 누벨프랑스 식민지 개척 초기부터 사회에 절대적인 영향력을 행사하던 가톨릭교회는 종교의 수호와 프랑스어 및 프랑스어권 문화의 보전에 치중하면서 사회 개혁보다는 안정을 선호하는 타협적 태도를 견지했다. 어떻게 보면 종교적 혜택을 누리면서 퀘벡인들의 반란을 막는 역할을 수행했던 것이다."(퀘벡학연구모임, 179) 마조르의 이 소설에서 탈종교화 문제는 소설 초반부에 권위주의적인 부권과 함께 잠시 거론되지만 앞의 두 주장에 비해 언급이 미약한 것이 사실이다. 그러나 "'말씀'이 절대권력"인 사회의 자칭 기독교인들이 주인공에게 불러일으키는 분노는 앞서 지적한 것처럼 그 폭발력이 대단하다.

지식인의 역할은 여러 가지가 있을 수 있다. 앙드레 마조르가 『고집쟁이』에서 택한 '말하기' 역할의 중요성은 시대와 장소를 막론하고 당연히 유효하다. 그러나 모든 지식인이 그 '말하기'를 자신들의 당연한 역할로 받아들이지는 않는다. '말하기'를 억압당하는, 다시 말해 침묵을 강요당하는 시대와 장소일수록 그 역할은 더욱더 잘 받아들여지지 않는다. 그렇지만 그런 시대와 장소일수록 지식인의 '말하기' 역할은 더욱 요구되며, 그 중요성은 더욱 커질 것이다. 그러므로 앙드레 마조르가 이 작품에서 지식인의 '말하기' 역할을 강조한 것도 퀘벡의 당시 시대 상황 속으로 돌아가 바라보아야만 그 진의와 진정성, 그리고 중요성이 올바로 평가될 것이다. 그런 의미에서 퀘벡의 당시 사회 · 정치 · 문화 · 역사적 상황을 단적으로 말해 주는 간략한 두 증언을 마지막으로 인용하는 것으로 이 글을 끝내고자 한다.

"우리는 감정보다는 믿고 있는 것을 표현하는 데 익숙했으며, 우리의 심오한 존재와는 거리를 두고 글을 썼고 또 그렇게 살아왔다."(Dumond, 39)

"(우리는) 진정한 정체성을 탈취당한 채 지배당한 존재(에 불과하다)."(Perrault, 300)

[김중현]

참고문헌

장 폴 사르트르, 『지식인을 위한 변명』, 방곤 옮김, 보성출판사, 2004.

프란츠 파농, 『대지의 저주받은 자들』, 박종렬 옮김, 광민사, 1979.

앙드레 지드, 『앙드레 지드의 콩고 여행』, 김중현 옮김, 한길사, 2006.

이지순, 「'조용한 혁명기' 퀘벡 영화에 나타나 정체성 연구」, 『프랑스문화예술연구』(제16집), 프랑스문화예술학회, 2006.

정상현, 「19세기 퀘벡 소설에 나타난 정체성의 문제」, 『프랑스문화예술연구』(제16집), 프랑스문화예술학회, 2006.

퀘벡학연구모임, 『키워드로 풀어보는 퀘벡 이야기』, 아모르문디, 2014.

한대균, 「퀘벡의 저널리즘 문학 ― '영국 정복'(1760)부터 '조용한 혁명'(1960)까지」, 『프랑스문화예술연구』, 프랑스문화예술학회, 2006.

_____, 「퀘벡의 프랑스 시와 정체성(1) ― 가스통 미롱과 〈조용한 혁명〉(1957~1965)」, 『프랑스문화예술연구』(제16집), 프랑스문화예술학회, 2006.

_____, 「퀘벡의 '조용한 혁명'이란 무엇인가」, 한국퀘벡학연구회 발표회(2006년 2월) 발표문.

André Major, *Le cabochon*, Parti pris, 1980.

Jacques Allard, *Le roman du Québec*, Québec Amérique, 2000.

Maurice Arguin, *Le roman québécois de 1944 à 1965*, L'Hexagone, 1989.

Jacques Pelletier, *Le podis de l'Histoire*, Nuit Blanche, 1995.

Gilles Marcotte, *Le roman à l'imparfait*, Typo, 1989.

Laurent Mailhot, *La littérature québécoise depuis ses origines*, Typo, 2003.

Pierre Perrault, *Les Québécois de l'époque de Parti pris*, 1967.

Roseline Tremblay, *L'Ecrivain imaginaire*, HMH, 2004.

Jean Hamelin et Jean Provencher, *Brève histoire du Québec*, Boréal, 1997.

11. 팔라르도의 영화 〈10월〉과
퀘벡 10월의 위기

역사와 영화의 접점 : 〈10월〉

1970년 10월 10일, 네 명의 퀘벡해방전선 요원이 노동이민부 장관
을 납치한다. 일주일 후 경찰은 납치에 사용되었던 자동차 트렁크
에서 장관의 시체를 발견한다. 일주일 동안 무슨 일이 있었던 걸
까? 왜? 어떻게? 어떤 상황에서? 암스트롱가에 위치한 주택에서
일주일 동안 납치 장소에서 숙식을 같이했던 다섯 명이 겪었던 긴
박한 시간들을 추적한다.

위의 내용은 노동이민부 장관이었던 피에르 라포르트(Pierre
Laporte)를 납치해 살해한 사건을 다룬 영화 〈10월(Octobre)〉(1994)
을 소개하는 홍보 문구이다. 영화는 퀘벡해방전선 소속 납치범의 시

각에서 사건 현장을 재구성하
는 방식으로 구성되어 있다.
납치 장소로 사용된 주택에서
일주일 동안 벌어졌던 일들을
위클로 방식으로 그려 냈다.
스릴러 형식을 이용해 라포르
트 납치 사건의 시발점이자 퀘
벡 현대사에서 가장 중요한 사
건 중의 하나인 '10월의 위기'
를 다루면서, 사건의 중심에서
납치범들이 겪는 긴장된 상황
과 그들의 선택, 그리고 범죄

영화 〈10월〉의 포스터

행위에 대한 회의와 퀘벡 민족운동의 일선에 선 첨병으로서 느끼는
의문점 등 심리적인 부분까지 세밀하게 묘사하고 있다. 계엄령의 피
해자 입장에서 '10월의 위기'를 다룬 미셸 브로(Michel Brault)의 〈공
적 명령(Les ordres)〉(1973)과 달리 피에르 팔라르도는 1960년 퀘벡
해방전선 수립 이래 지속되어 온 사회, 정치적인 혼란의 분출구라는
시각에서 사건의 정치적인 배경과 중요 원인들을 설명하고 있다.

　〈10월〉은 제작을 시도했던 1980년대부터 많은 난관에 봉착했다.
퀘벡의 독립을 맹렬히 지지했던 감독의 저항적 성격을 알고 있는 많
은 기관들이 그에게 투자하기를 거부하였기 때문이다. 하지만 결국
영화는 제작되었고 1994년에 캐나다의 아카데미상인 '위메(Ouimet)'

상을 받게 된다. 피에르 팔라르도는 자신의 블로그에서 〈10월〉의 제작 의미를 다음과 같이 평가하며 역사를 바라보는 하나의 창으로서 자신의 영화를 자리매김하고 있다.

"나는 〈10월〉을 촬영하며 사람들이 '10월의 사건들'이라 부르는 것에 대한 논의를 종결지을 생각은 없었다. 역사에는 그 어떤 것도 결정적인 것은 없다. 이 사건에 대해 10개의 영화, 15개의 책이 나올 수도 있을 것이다. 나는 셰니에 그룹(FLQ의 하부 조직)에 대한 이야기로 한정지으며 단지 내가 알고 있는 것에 대해서만 말하고 싶었다."

역사의 지점, '10월의 위기'

'10월의 위기'는 퀘벡 역사에서 중요한 전환점인 '조용한 혁명'에서 출발한다. 모리스 뒤플레시가 통치했던 대암흑기(1945~1959)라 불리는 15년 동안 퀘벡 경제는 영국계 주민들이 주요한 위치를 차지하게 된다. 프랑스계 주민들은 영국계 공장에서 노동자로 일하고 또 일자리를 얻기 위해서는 영어를 배울 수밖에 없는 상황이었다. 1960년 자유당의 장 르사주(Jean Lesage)가 총리로 선출되면서 프랑스의 68 혁명에 비유되는 '조용한 혁명'이 시작된다. 퀘벡의 현대화와 프랑스계 주민들의 위상 변화로 상징되는 '조용한 혁명'은 기대만큼 성과를 거두지 못한다. 영국계 위주의 퀘벡 경제는 변하지 않고 경제 지표는

나빠져만 간다. 이러한 상황에 대한 프랑스계 주민들의 불만은 가톨릭과 소수 영국계에 반대하는 민족주의 움직임에서 점차 급진적인 운동으로 변화하게 된다. 피에르 부르고(Pierre Bourgault)의 '독립연합(RIN)'이 더 많은 대중의 지지를 얻게 되고, 1967년 퀘벡만국박람회를 방문한 프랑스 대통령 샤를 드골의 "자유 퀘벡 만세!"라는 연설로 퀘벡의 분리 독립이라는 열망은 정점에 달하게 된다.

이런 맥락에서 1960년 독립연합의 과격한 민족주의자들에 의해 설립된 퀘벡해방전선의 지지도는 점점 상승하였다. 퀘벡 노동자의 불리한 근로 조건, 영국계와 프랑스계의 경제적 불균형, 실업률 상승 등 경제 사회적인 불균형 해소와 퀘벡 독립을 기치로 설립된 퀘벡해방전선은 7개 정도의 점조직 형태로 구성되어 영국의 제국주의와 영어권 캐나다를 대표하는 기관들에 수많은 폭탄 테러를 감행하는 극단적인 투쟁을 전개하였다. 퀘벡에 대한 연방 정부의 처우에 대한 불만과 사회 경제적 문제로 인해 퀘벡인들의 불만이 증가할수록 퀘벡해방전선은 더욱 과감한 행동을 실행에 옮기기 시작한다. 이로 인해 테러 활동으로 구속된 조직원 수가 증가하게 되고, 이들을 석방시키려는 목적으로 고위층 인사를 납치하려는 계획을 감행하기에 이른다. 독자적인 두 그룹에 의해 각각 진행된, 영국 대사관 상무관 제임스 리처드 크로스(James Richard Cross, 10월 5일)와 노동이민부 장관 피에르 라포르트(10월 10일) 납치 사건이 바로 1970년에 촉발된 '10월의 위기'의 시발점이 된다. '10월의 위기'는 '조용한 혁명' 이후 퀘벡 사회를 변화시키려는 대중의 열망과 실망스러운 결과를 되풀이해서 만들어 내던

정부와의 균열 지점에서 터져 나오는 사건들의 종합이라 할 수 있다. 납치범들은 동료들의 석방이라는 결말을 기대했으나 정부는 '전시법 (戰時法)'을 선포해 상황은 더욱 악화되었다. 결국 납치된 노동이민부 장관 피에르 라포르트는 10월 17일 시체로 발견되었고, 여론이 나빠지자 영국 대사관의 상무관 제임스 리처드 크로스는 12월 3일 석방된다. 그리고 12월 28일 피에르 라포르트의 납치와 살해에 가담하였던 네 사람이 전원 체포되면서 10월의 위기는 막을 내린다.

역사의 재구성을 위한 픽션

팔라르도의 목적은 위에서 인용한 것처럼 '10월의 위기'에서 가장 절박하고 급박했던 순간을 있는 그대로 재구성해 내는 것이다. 그리고 자신이 재구성한 역사적 사실을 기존의 역사와 비교하고 거기서 사건의 의미를 재조명하려는 것이다. 이런 맥락에서 〈10월〉이 다큐멘터리가 아니라 픽션 영화라는 사실은 역설적이다. 더군다나 퀘벡은 1950년대 후반 '다이렉트 시네마'를 창시함으로써 전 세계 다큐멘터리계에 큰 반향을 불러일으킨 곳이고 퀘벡에 위치한 캐나다 국립영화제작소(ONF)는 다이렉트 시네마의 산실이기도 하다. 이런 다큐멘터리 전통은 이제는 퀘벡의 영화적 전통과도 일맥상통한다. 다이렉트 시네마는 퀘벡과 다수의 주민인 프랑스계의 현실을 알리고자 하는 현실 참여적인 목적으로 시작되었고, 이는 1960년 '조용한 혁명'에 큰 기여를 하게 된다. 이런 퀘벡의 전통을 고려할 때 퀘벡의 현대

〈10월〉의 감독 피에르 팔라르도

사에서 가장 긴박했던 순간을 재현하기 위해 픽션 방식을 선택하였다는 것은 아무래도 모순이라 생각될 수 있다. 하지만 팔라르도의 시도는 진실 접근이라는 맥락에서 이해해야 한다. 픽션과 다큐멘터리는 흔히 알고 있듯이 전자는 거짓에 가깝거나 현실과 상관없는 허구이고 후자는 진실을 추구하는 상반된 영역이 아니다. 팔라르도는 이러한 점을 잘 알고 있는 감독이다.

접근이 불가능한 현실을 파악하기 위해 픽션을 사용한 것은 영화가 탄생한 지 얼마 되지 않아서 시작된다. 픽션의 아버지라 불리는 조르주 멜리에스는 영화가 탄생한 지 3년 후인 1899년에 이미 당대의 유명한 스캔들이었던 드레퓌스 사건을 대역을 이용해 재구성한바 있다. 이때 멜리에스의 허구는 사실을 자신의 시각으로 왜곡하기 위한 것이 아니라 진실 접근을 위해 필수 불가결한 도구였다.

팔라르도가 다큐멘터리 대신 픽션을 사용한 이유도 같은 맥락에서 이해할 수 있다. '10월의 위기'를 이해하기 위해 가장 핵심적인 사건을 먼저 이해하고 이를 퀘벡의 역사적 맥락에 놓을 때 비로소 사건의 본질을 이해할 수 있다는 판단에 의한 것이었기 때문이다. 그래서 영화는 납치에 가담한 퀘벡해방전선의 조직원들에 집중하며, 납치가 벌어지고 있는 주택 내부에서 그들의 동선과 심리 상태를 파악하는 데 초점을 맞추었다. 그리고 라디오와 텔레비전 등의 미디어 매체를 이용해 '10월의 위기'를 역사적 맥락에서 재구성하고 있다. 영화에서 픽션이 필요한 이유는 납치 사건과 시차가 맞지 않는 역사적인 사실들을 효과적으로 배치하고 '10월의 위기'를 주동했던 내부의 시선으로부터 역사적 사건을 조명하려 하였기 때문이다. 그의 영화는 역사적 사실의 효과적인 배치를 위해 아주 세밀한 부분까지 신경을 쓴 흔적이 역력하다. 역사적으로 중요한 순간들을 빼놓지 않고 '10월의 위기는 왜 발생할 수밖에 없었는가?'라는 의문에 답하기 위해 주도면밀하게 사건들을 배치하고 있는 것이다.

영화 〈10월〉 : 역사와의 대면

영화는 질식사한 피에르 라포르트의 시신을 자동차로 유기하는 10월 17일부터 시작된다. 사건의 시작이 아니라 결말을 오프닝 시퀀스로 배치하였다. 이후 영화는 연대기적인 시간 순으로 구성된다. 이

영화 〈10월〉 중
납치한 라포르트를
살해한 후 자동차
트렁크에 유기하는
장면

러한 배치는 관객의 호기심을 자극할 수도 있겠지만, 20여 년 전 벌
어졌던 사건의 결말을 영화의 제목과 동시에 내세우며 사건의 출발
점은 무엇이고, 왜 그렇게 마무리될 수밖에 없었는가를 알아보고자
하는 목표 의식의 설정이라고 보는 것이 옳을 것이다.

오프닝 시퀀스 이후 영화는 다시 납치 사건이 발생하기 전 10월 9
일로 되돌아가는데, 매일 발생한 사건을 구분하기 위해 연대기적인
자막 표시를 함께 사용하고 이를 통해 영화의 역사성과 시간적 사실
성을 동시에 강조하고 있다. 팔라르도가 영화에서 중심적인 내러티
브를 통해 강조하는 부분은 피에르 라포르트 사건의 출발점이 살인
을 목적으로 한 것이 아니라 우발적이고 즉흥적인 결정이라는 것이
다. 이날 숙소로 돌아가던 퀘벡해방전선 산하 셰니에 그룹의 멤버들
은 다른 그룹이 영국 대사관의 상무관 제임스 리처드 크로스를 납치
했다는 속보와 퀘벡해방전선의 요구 사항을 차 안에서 라디오로 듣

게 된다. 요구 조건은 다음 날까지 정부가 구속된 모든 퀘벡해방전선의 조직원들을 석방하는 조건에 응하라는 것이다. 셰니에 그룹의 멤버들은 협상 기일이 촉박해 정부가 들어줄 수 없을 것이라 판단하고 구속되어 있는 동료들을 위해 정부에 보다 더 강한 충격을 줄 것을 결의한다. 여기서 팔라르도가 강조하는 부분은 피에르 라포르트 사건의 출발점이 살인에 초점을 맞춘 것이 아니라 우발적이고 즉흥적인 결정이라는 것이다.

피에르 라포르트를 납치하기로 결정한 다음 날인 10월 10일의 장면은 납치를 실행에 옮기기 전 준비 장면이다. 집의 구조를 변경하고 총과 사제 폭탄을 준비하는 납치범들의 모습 위로 '퀘벡해방전선 선언문'의 내레이션이 비장한 음성으로 낭독된다.

퀘벡해방전선의 존재를 다시 부각시키고 투쟁의 대상을 퀘벡의 영국계 자본가 계급으로 규정하며 싸구려 노동자로 전락한 퀘벡인의 권리를 되찾고 퀘벡의 독립을 이루기 위해 수단과 방법을 가리지 않고 끝까지 투쟁하겠다는 요지의 퀘벡해방전선 선언문은 10월의 위기가 한창 진행 중인 1970년 10월 8일 퀘벡의 대표 텔레비전 방송사인 라디오 카나다의 뉴스 시간에 앵커에 의해 낭독된다. 분량이 길기 때문에 영화에서는 요약된 선언문을 사용하는데 그 내용은 이러하다.

〈퀘벡해방전선 선언문〉
퀘벡해방전선은 현시대의 메시아도 로빈 후드도 아니다.
우리는 퀘벡의 민중이 자신의 운명을 자신이 결정하게 될 때까지 모든 것을 바칠 것을 결심한 퀘벡의 노동자들이 결성한 단체이다. 퀘벡해방전선은 빅 보스라 불리는 상어 떼와 같은 사장들과 퀘벡을 값싼 노동력과 양심 없는 착취의 사냥터로 만들어 버린 이들의 시종들이 사라지고 이들로부터 영원히 자유로운 세상에서 모일 수 있는 퀘벡인들의 완전한 독립을 요구한다.

퀘벡해방전선은 폭력 운동은 아니지만 폭력에 대한 대응이고, 또한 정부의 보호와 중개하에 대자본가에 의해 행해지는 폭력에 대한 대응이다.

우리는 일자리와 번영에 대한 약속에 지쳤다.

우리는 언제나 성실한 머슴이고 거물들의 비열한 아첨꾼이 될 것이다. 생자크가(街)와 월스트리트의 대자본가들이 만들어 놓은 요새인 웨스트마운트, 마운트 로열 타운, 햄스테드, 우트르몽 지역이 존재하는 한 우리는 겁에 질린 노예 상태의 사회에서 살게 될 것이다.

우리는 퀘벡의 노동자들이고 우리는 끝까지 투쟁할 것이다.

퀘벡의 모든 웨스트마운트들이 지도에서 사라지는 그날이 올 것이다.

우리의 투쟁에는 승리만이 있을 것이다.

깨어나는 민중인 우리는 비참함과 경멸을
더 이상 참지 않을 것이다.

자유 퀘벡 만세 !

정치범 수감자 동지들 만세 !

퀘벡 혁명 만세 !

퀘벡해방전선 만세 !

발표 후 대중의 많은 지지를 받았던 선언문을 영화에서 낭독하고 이를 납치 준비와 오버랩하는 것은 10월의 납치 사건이 과격주의자의 단순 테러 행위가 아니라 퀘벡의 억눌린 역사적 맥락에서 행하게 된 정당한 투쟁의 범주라는 의미를 천명하고 있는 것이다.

팔라르도는 영화를 통해 '10월 사건'의 비극적 결말로 인해 대중으로부터 버림받았던 셰니에 그룹의 멤버들을 변호하고 그들의 행위를 역사에 누적된 분노의 폭발로 규정지으며, 동시에 퀘벡 분리를 위한 국민 투표를 목전에 둔 시점에서 퀘벡 사회에 분리 독립의 역사적 정당성을 주장하고 있다. 영화는 픽션의 자유로운 구성을 이용해 처음부터 끝까지 역사의 배경을 유지함으로써 '10월의 위기'가 피에르 라포르트의 살해 사건으로만 수렴되는 것을 피하고 역사와의 대면을 통해 진정한 의미를 파악하고자 하는 것이다.

역사의 재구성 방식

검은 바탕 화면으로 시작하는 영화는 퀘벡이 겪어 온 암흑의 역사를 상징하며 비장한 느낌을 준다. 이어서 "퀘벡은 퀘벡인에게", "퀘벡의 해방" 등을 외치는 시위대의 음성을 배경 음향으로 사용하며 오프닝 시퀀스를 장식하고 있다. 자동차 경적 소리, 시위대의 소란한 음성, 그리고 승리를 향한 웅장한 음악 등을 배치하면서 전체적으로 혼란한 사회 분위기와 부당함에 저항하는 퀘벡을 음향으로 표현하고 있다. 그리고 이 혼란한 음향 배경에서도 분명하게 들리는 음성이 있는데, 그것은 바로 퀘벡의 독립을 요구하는 목소리이다.

이렇듯 〈10월〉에서 음향은 아주 중요한 역할을 한다. 첫 장면을 제외하고 사건을 선형적인 시간 순서로 배치한 영화에서 납치 사건의 역사적, 사회적인 맥락을 파악하도록 도와주는 것이 바로 음향과 텔레비전 화면을 이용한 과거의 영상이다. 배경 음악은 인공적인 요소를 가미한 것으로 진실을 왜곡할 수 있기 때문에 다큐멘터리 영화에서는 가급적 사용을 자제한다. 현실 세계에서 배경음이란 존재하지 않기 때문이다. 이런 맥락에서 최근 유행하고 있는 픽션으로 다큐멘터리와 같은 효과를 만들어 내는 영화(미카엘 하네케의 〈아무르〉와 같은 영화)들을 보면 배경음을 사용하지 않거나 필요한 경우 연주나 실내에 켜 놓은 음향기기를 사용하고 있는 것을 알 수 있다.

〈10월〉의 경우 배경 음악은 크게 두 가지 면에서 사용된다. 첫 번째는 주관적인 음향인데, 납치범들의 심리 상태를 반영하는 역할을 하는 음향들이 여기에 해당된다. 이런 음향은 위클로로 진행되는 단조로운 형식의 영화에 스릴러적인 요소를 가미하며 극적 긴장감을 높여 준다. 두 번째는 라디오 방송 등을 이용하는 음향이다. 이는 객관적인 음향이라 할 수 있는데, 역사적인 사실들을 전달하는 역할을 한다. 납치 장소로 사용되는 주택에서 납치된 피에르 라포르트나 납치범은 양쪽 다 갇혀 지낼 수밖에 없다. 이들을 외부와 연결해 주는 창구가 라디오와 텔레비전이다. 이런 미디어는 닫힌 공간의 한계를 뛰어넘으며 객관적이고 역사적인 정보를 제공해 주는 역할을 한다. 감독은 가해자나 피해자 모두 갇힌 공간에 주관적 음향이라 할 수 있

시인 가스통 미롱(왼쪽)과 시를 읽고 있는 셰니에 그룹의 리더(오른쪽)

는 배경 음악을 통해 역사적 사실의 의미를 보다 뚜렷하게 부각시키며, 또 객관적 자료라고 할 수 있는 당시의 실제 방송 음향과 영상 아카이브 자료를 활용하여 사건을 역사의 객관성에 위치시킨다. 영화 속에 나타나는 이러한 주관과 객관의 교차와 혼재는 사건의 진행을 보여 줌과 동시에 사건의 주역들이 당시 상황에서 어떤 위치에 처하게 되는지를 보여 준다. 그렇기 때문에 음향은 관객의 머릿속에 역사적인 배경을 만들어 주는 회화적인 기능을 담당한다.

주관적이고 객관적인 배경음은 단조로울 수밖에 없는 영화를 역동적으로 만들어 주고 이 영화가 보여 주는 사건이 퀘벡의 현대사에서 어떤 위치에 자리하고 있는지를 분명하게 알게 해 준다. 감독이 영화를 통해 전달하려는 메시지가 바로 여기에 있다. 피에르 라포르트의 납치 사건은 단순한 범죄가 아니라 퀘벡의 역사에 켜켜이 쌓인 부당함의 결과물이라는 것이다.

이외에도 영화에는 다양한 종류의 미디어 아카이브 자료가 등장한다. 해당 일자의 신문을 통해 사건의 전개 과정을 표현하고, 라디오 방송은 시간의 흐름과 납치범들이 정부와 협상하는 과정을 사실적으로 보여 준다. 따라서 화면에서 들려오는 라디오 음향은 역사적인 사실을 전달하는 객관적인 음향이 된다. 팔라르도는 영화 속에서 해당 일에 일치되는 라디오와 텔레비전 방송을 사용하여 역사적인 사실성을 부여하고 있다.

팔라르도는 영화 속에서 퀘벡의 시인인 가스통 미롱(Gaston Miron)의 시를 인용하기도 한다. 셰니에 그룹의 리더가 라포르트를 납치한 거실에 앉아서 미롱의 시를 읽는 장면은 화면을 양분하여 미롱의 사진과 주인공을 동시에 보여 준다. 이는 1970년 3월에 개최되었던 '시의 밤(La nuit de la poésie)'에서 퀘벡의 시인들이 퀘벡의 정체성과 퀘벡의 독립에 관한 주제를 시로 표현하였던 순간을 떠오르게 한다. 영화 속에서 내레이션으로 읽어 주는 미롱의 시 〈10월〉은 팔라르도가 영화에서 표현하려는, '10월의 위기'가 퀘벡 사회에서 가지는 의미를 아름답지만 단호한 투쟁의 시어로 표현하고 있다.

10월

이 시대의 인간은 태형의 얼굴을 지니고 있고
그리고 당신, 퀘벡의 대지, '오랜 전진' 속에서 용기 있는 어머니
당신은 탄화될 만큼 고통스러운 우리의 꿈을

영혼과 육체의 수없는 쇠진을 안고 있노라

나는 저기 위 북풍이 갈기갈기 휘몰아치는
마을에서 당신의 아들로 태어났다
나의 청춘이 내 품에서 얼굴 붉히고 있는 동안
아프고 고통스러운 나, 오, 탄생의 상처여

사람들이 우리를 용서하도록 나는 무릎을 꿇노니
우리 형제들 속에서 자아에 대한 수치와 멸시가 생길 때 까지
우리는 조상들의 지성이 모욕당하도록 놔두었고
우리는 언어의 빛이 퇴락하도록 놔두었으며
우리는 우리의 고통스러운 뿌리를 분노를 삼키고 있는 각자의
보편적인 아픔으로 연결시킬 줄 몰랐었네

나는 불타는 동료들과 합류하리라
움직이는 모래와도 같은 군락을 이룬 비탄 속에서
투쟁은 공통된 운명의 빵을 나누고 또 거부하리라

퀘벡의 대지여, 우리는 당신을
부활의 침대로
또 우리의 변신을
미래를 일으키는 우리의 효모를

양보 없는 우리의 의지로
수천 개의 섬광과도 같은 침대로 만들리라

사람들은 역사 속에서 그대의 맥박 뛰는 소리를 들으리라
그것은 10월의 가을 속 물결치는 우리
햇살 속 노루들의 적갈색 소리
훤히 트인 앞날
약속된 앞날[1]

L'homme de ce temps porte le visage de la
Flagellation
et toi, Terre de Québec, Mère Courage
dans ta Longue Marche, tu es grosse
de nos rêves charbonneux douloureux
de l'innombrable épuisement des corps et des âmes

je suis né ton fils par en haut là-bas
dans les vieilles montagnes râpées du Nord
j'ai mal et peine ô morsure de naissance
cependant qu'en mes bras ma jeunesse rougeoie

---

1) 가스통 미롱, 『꿰멘 인간』, 한대균 역, 지식을 만드는 지식, 2011, 103쪽.

voici mes genoux que les hommes nous pardonnent

nous avons laissé humilier l'intelligence des pères

nous avons laissé la lumière du verbe s'avilir

jusqu'à la honte et au mépris de soi dans nos frères

nous n'avons pas su lier nos racines de souffrance

à la douleur universelle dans chaque homme ravalé

je vais rejoindre les brûlants compagnons

dont la lutte partage et rompt le pain du sort commun

dans les sables mouvants des détresses grégaires

nous te ferons, Terre de Québec

lit des résurrections

et des milles fulgurances de nos métamorphoses

de nos levains où lève le futur

de nos volontés sans concessions

les hommes entendront battre ton pouls dans l'histoire

c'est nous ondulant dans l'automne d'octobre

c'est le bruit roux de chevreuils dans la lumière

l'avenir dégagé

l'avenir engagé

퀘벡이 겪고 있는 부당함을 고발하고 퀘벡의 각성을 요구하고 있는 미롱의 대표적 저항시를 납치범과 오버랩시키는 것은 당시의 행위가 과격분리주의를 지지하는 일개 테러리스트 그룹의 독자적 행위가 아니라 퀘벡인의 심정과 전적인 교감하에 실행되는 역사적 행위임을 주장하는 것이다.

팔라르도는 아카이브 영상과 음향 등을 사용하여 감독의 주관적 시선으로 영화가 경도될 수밖에 없는 상황에 균형감을 부여하고 있다. 단단한 역사적 사실 위에 재현된 픽션은 위에서 언급한 역사적 사실의 재현이라는 부분과 맥을 같이하는 것이다.

이렇듯 영화는 전편에 걸쳐 역사적 사건들을 세밀하게 배치하면서 '10월의 위기'에서 발생한 피에르 라포르트의 납치와 살해는 퀘벡의 역사에서 비롯될 수밖에 없는 사건이며, 단순하고 저급한 범죄가 아니라 퀘벡의 역사에 켜켜이 쌓인 부당함의 결과물이라는 것을 강하게 주장하고 있다. 그리고 이러한 주장은 다시 오프닝 시퀀스에서 인용된 알베르 카뮈(Albert Camus)의 유명한 문장으로 수렴된다.

"폭력은 필요하지만 정당화될 수는 없다."

(Nécessaire et injustifiable)

이를 팔라르도식으로 다시 해석하자면 1970년 10월의 퀘벡에서는 폭력이 정당화될 수 없는 수단이긴 하지만 꼭 필요한 수단이었다.

퀘벡 영화: 사회를 관통하는 역사의 메시지

퀘벡 영화의 특징은 다음의 두 가지로 구분된다. 첫 번째는 퀘벡의 가장 큰 사회적 담론 중 하나인 정체성에 대한 문제 제기를 한다는 것이다. 그렇기 때문에 사회 또는 퀘벡 사회와 밀접한 관계를 맺고 있는 영화가 많다. 퀘벡 영화에서 중요한 위치를 차지하는 다이렉트 시네마도 퀘벡의 사회 변혁 움직임이었던 '조용한 혁명'과 궤를 같이한다. 다이렉트 시네마는 어떻게 하면 현실을 있는 그대로 보여 줄 수 있을 것인가를 고민한 다큐멘터리 영화 기법 중 중요한 발전이다. 핸드헬드 카메라를 사용하고 편집을 최소화하며 대중 속으로 카메라가 들어가서 현실의 의외적인 부분을 포착하려는 시도인 다이렉트 시네마는 기존 다큐멘터리가 주관적 성찰에 기인하고 있는 것에 대한 거부인 동시에 날것 그대로의 현실을 포착하고자 하는 고민의 결과이다. 조용한 혁명기에 나타나는 이러한 영화적 기법은 퀘벡 사회를 있는 그대로 보고자 하는 열망의 반영이라 할 수 있다.

두 번째는 시간적 간격을 두고 지나간 사건이나 사회적 흐름에 대한 반성을 다시 영화 속에 담아내는 것이다. '조용한 혁명'이 지나고 10년 후 클로드 쥐트라는 퀘벡 영화사에 길이 남을 〈앙투안 아저씨〉를 제작한다. 픽션 영화인 〈앙투안 아저씨〉의 배경은 조용한 혁명이 시작되기 10여 년 전인 1940년대이다. '조용한 혁명' 이후 10년이 지난 시점에서, 또 퀘벡 역사상 가장 급진적인 민족주의적 움직임이 발생하는 시기인 1970년에 이 작품을 제작하였다는 것은 당시의 상황이 영화 속의 1940년대와 변한 것이 없다는 뼈저린 반성이며, 퀘벡의 민중들에게 보다 근본적인 변화를 요구하는 것이기도 하다.

피에르 팔라르도는 1970년에 있었던 '10월의 위기'를 20여 년이 지난 1993년에 제작한다. 1995년에는 퀘벡의 분리 독립에 대한 국민투표가 실시된다. 팔라르도는 이 영화를 통해 '10월의 위기'가 가지고 있는 사회적 담론을 역사적 관점에서 다시 한 번 상기시키고 있다. '10월의 위기'와 그 속에서 가장 극한적인 투쟁이었던 피에르 라포르트의 납치 살해를 역사적 맥락에서 재구성함으로써 퀘벡의 역사에 한 획을 그었던 사건의 실체를 밝히고 퀘벡이 앞으로 나아가야 할 방향에 대한 문제를 제기하는 것이다. [박희태]

영화 정보

감독 : 피에르 팔라르도 / 장르 : 역사 비극 / 러닝타임 : 1시간 37분 / 개봉 : 1994년 9월 30일

참고문헌

퀘벡학연구모임, 『키워드로 풀어보는 퀘벡 이야기』, 아모르문디, 2014.

가스통 미롱, 『페멘 인간』, 한대균 역, 지식을 만드는 지식, 2011.

Eric Bédard, *L'Histoire du Québec pour Les Nuls*, Paris, First-Grûnd, 2012.

Robert Côté, *Ma guerre contre le FLQ*, Montréal, Trait d'union, 2003.

Charles Denis, *Robert Bourassa : La passion de la politique*, Montréal, Fides, 2006.

Louis Fournier, F.L.Q. *Histoire d'un mouvement clandestin*, Montréal, Québec-Amérique, 1982.

Marc Laurendeau, *Les Québécois violents*, Montréal, Boréal, 1975.

Christian Poirier, Le cinéma québécois : *À la recherche d'une identité?*, Vol PUQ, 2004.

Le cinéma québécois : Les politiques cinématographiques, Vol 2, PUQ, 2004.

William Tetley, *Octobre 1970 Dans les coulisses de la crise*, Saint-Lambert, Éditions Héritage, 2010.

관련 작품

〈Les événements d'octobre 1970〉, ONF.

〈Les Ordres〉, Michel Brault(1974), Québec, Productions Prisma, 108 min.

〈Bingo〉, Jean-Claude Lord(1994), Québec, Productions Mutuelles, 112 min.

〈Faut aller parmi l'monde pour le savoir〉, Fernand Dansereaupas.

〈Tranquillement, pas vite〉, Guy L. Coté, ONF.

〈Les smattes〉, Jean-Claude Labrecque.

〈L'Île jaune〉, Jean Cousineau.

관련 사이트

https://sites.google.com/site/criseoctobre70/

저자 소개 (가나다 순)

김중현 | 한국외국어대학교 프랑스어과를 졸업하고 프랑스 낭시 2대학에서 발자크 연구로 박사 학위를 받았다. 건국대학교 연구교수를 지냈고, 현재 한국외국어대학교에서 강의 중이다. 지은 책으로『프랑스 문학과 오리엔탈리즘』,『사드』 등이 있으며, 옮긴 책으로『에밀』,『신엘로이즈』 등이 있다. 19세기 프랑스 문학 연구자로서 퀘벡의 19세기 문학에 관심을 갖고 있다.

박희태 | 성균관대학교 불어불문학과를 졸업하고 프랑스 몽펠리에 3대학에서 영화학으로 박사 학위를 받았다. 현재 성균관대학교 프랑스어권 연구소에 재직 중이다. 주요 논문으로「3D 영화와 완전영화를 향한 꿈」 등이 있으며, 옮긴 책으로『다큐멘터리란 무엇인가?』(공역)가 있다. 퀘벡 문화와 영화 연구에 관심을 갖고 있다.

이가야 | 성균관대학교 불어불문학과를 졸업하고 파리 8대학에서 비교문학(20세기 소설)으로 석사 및 박사 학위를 받았다. 성균관대학교의 연구교수를 지냈으며, 현재 성균관대학교와 숙명여자대학교에서 강의 중이다. 지은 책으로『나를 찾다, 나를 쓰다: 여성 작가의 글쓰기와 자아 정체성』 등이 있으며, 주요 논문으로「프랑스의 다문화사회: 동화에서 통합」으로 등이 있다. 프랑스와 퀘벡(프랑코포니)의 문화 정체성 및 문화정책에 관심을 가지고 연구하고 있다.

이용철 | 서울대학교 불어불문학과를 졸업하고 동 대학원에서 석사 및 박사 학위를 받았다. 방송통신대학교 불어불문학과 교수로 재직 중이다. 루소와 몽테뉴에 관한 일련의 논문을 발표했으며, 지은 책으로『분열된 영혼』,『루소의 고백록 읽기』가 있다. 한국퀘벡학회 이사이며, 학부와 대학원에서 퀘벡의 문화를 강의하고 있다.

이인숙 | 한양대학교 불어불문학과를 졸업하고 프랑스 프로방스대학에서 석사 및 박사 학위를 받았다. 한양대학교 프랑스언어문화학과 교수로 재직 중이다. 주요 논문으로 「엠마뉘엘 생애의 한 계절에 나타난 가족 로맨스」, 「잉첸의 『배은 망덕』에 나타난 모녀 관계」, 「이주 여성의 글쓰기」 등이 있으며, 서정인의 『달궁』, 이창동의 『녹천에는 똥이 많다』 등을 번역하여 프랑스 쇠이유 출판사에서 출판하였다. 한국퀘벡학회 회장을 역임했으며 퀘벡 현대소설과 영화를 연구하고 있다.

이지순 | 성균관대학교 불어불문학과와 동 대학원을 졸업하고 프랑스 메츠대학에서 박사 학위를 받았다. 현재 성균관대학교 프랑스어문학과 교수, 프랑스어권연구소 소장으로 재직 중이다. 한국퀘벡학회 회장, 프랑스문화예술학회 회장, 한국프랑스어문교육학회 회장을 역임한 바 있다. 퀘벡 관련 주요 논문으로 「퀘벡 작가 레진 로뱅의 이주 글쓰기」, 「가브리엘 루아의 『데샹보 거리』에 나타난 페미니즘」(공저) 등이 있으며, 옮긴 책으로 『퀘벡 영화』가 있다. 퀘벡 현대문학을 연구하고 있다.

한용택 | 서울대학교 불어교육과를 졸업하고 프랑스 부르고뉴대학교에서 석사 및 박사 학위를 받았다. 건국대학교 연구교수, 단국대학교 전임연구원 등을 지냈으며, 현재 경기대학교 초빙교수다. 주요 논문으로 「프랑스와 미국의 문화적 정체성과 영화」 등이 있으며, 『다문화 교육의 이해』(공저), 밀란 쿤데라의 『만남』 등을 쓰고 옮겼다. 2017년 현재 한국퀘벡학회 회장이며, 퀘벡의 민담과 환상문학을 연구하고 있다.

퀘벡학연구모임 | 한국퀘벡학회(ACEQ)의 소모임으로 전문 연구자들 사이에서 생성되는 담론을 대중과 나눔으로써, 크게는 인문학의 불임성을 극복하고 작게는 퀘벡 문화에 대한 소통 공간의 확산을 목적으로 한다. 퀘벡의 사회와 역사 그리고 문화를 한국의 독자들에게 소개하는 여러 가지 작업을 기획하고 있으며, 그 첫 번째 결과물로『키워드로 풀어보는 퀘벡 이야기』(2014)를 펴냈다. 한국퀘벡학회의 회원들이 주로 참여하며, 매년 하나의 주제를 선정하여 정기적인 발제와 토론을 통해 공동으로 작업 중이다. 2016년부터는 퀘벡의 영화감독 자비에 돌란의 작품을 집중적으로 살펴보고 있다.

퀘벡, 재현된 역사 혹은 역사의 재현

초판 1쇄 펴낸 날 2017년 11월 30일

지은이 | 퀘벡학연구모임
펴낸이 | 김삼수
편   집 | 김소라
디자인 | 신중식

펴낸곳 | 아모르문디
등   록 | 제313-2005-00087호
주   소 | 서울시 강남구 선릉로93길 34 청진빌딩 B1
전   화 | 0505-306-3336 팩   스 | 0505-303-3334
이메일 | amormundi1@daum.net

ⓒ 퀘벡학연구모임, 2017 Printed in Seoul, Korea

ISBN 978-89-92448-64-2   03940

※ 이 도서의 국립중앙도서관 출판예정도서목록(CIP)은 서지정보유통지원시스템 홈페이지(http://seoji.nl.go.kr)와 국가자료공동목록시스템(http://www.nl.go.kr/kolisnet)에서 이용하실 수 있습니다.(CIP 제어번호: CIP2017029979)